Kauderwelsch
Band 102

Impressum

Micha Wedekind
Amharisch— Wort für Wort
erschienen im
Reise Know-How Verlag Peter Rump GmbH
Osnabrücker Str. 79, D-33649 Bielefeld
info@reise-know-how.de

3. Auflage 2009

Bearbeitung Josef Overberg, Michael Blümke
Layout Svenja Lutterbeck
Layout-Konzept Günter Pawlak, FaktorZwo! Bielefeld
Umschlag Peter Rump
Kartographie Iain Macneish
Fotos Carola Wedekind; Fotografen@Fotolia.com, Namensangabe am jeweiligen Foto auf den Seiten 53, 62, 70, 136, 139
Druck und Bindung Fuldaer Verlagsanstalt GmbH & Co. KG, Fulda

ISBN 978-3-89416-304-4
Printed in Germany

Dieses Buch ist erhältlich in jeder Buchhandlung Deutschlands, Österreichs, der Schweiz und der Benelux-Staaten. Bitte informieren Sie Ihren Buchhändler über folgende Bezugsadressen:
Deutschland Prolit GmbH, Postfach 9, 35461 Fernwald (Annerod) sowie alle Barsortimente
Schweiz AVA-buch 2000, Postfach 27, CH-8910 Affoltern
Österreich Mohr Morawa Buchvertrieb GmbH, Sulzengasse 2, A-1230 Wien
Belgien & Niederlande Willems Adventure, ***www.willemsadventure.nl***
direkt Wer im Buchhandel kein Glück hat, bekommt unsere Bücher zuzüglich Porto- und Verpackungskosten auch direkt über unseren Internet-Shop: ***www.reise-know-how.de.***
Zu diesem Buch ist ein **AusspracheTrainer** erhältlich, auf **Audio-CD** in jeder Buchhandlung Deutschlands, Österreichs, der Schweiz und der Benelux-Staaten oder als **MP3-Download** unter ***www.reise-know-how.de***
Der Verlag möchte die **Reihe Kauderwelsch** weiter ausbauen und **sucht Autoren!** Mehr Informationen finden Sie unter

Kauderwelsch

Micha Wedekind

Amharisch

Wort für Wort

Kauderwelsch-Sprechführer sind anders!

Warum? Weil sie Sie in die Lage versetzen, wirklich zu sprechen und die Leute zu verstehen.

Wie wird das gemacht? Abgesehen von dem, was jedes Sprachbuch bietet, nämlich Vokabeln, Beispielsätze etc., zeichnen sich die Bände der Kauderwelsch-Reihe durch folgende Besonderheiten aus:

Die **Grammatik** wird in einfacher Sprache so weit erklärt, dass es möglich wird, ohne viel Paukerei mit dem Sprechen zu beginnen, wenn auch nicht gerade druckreif.

Alle Beispielsätze werden doppelt ins Deutsche übertragen: zum einen **Wort-für-Wort**, zum anderen in „ordentliches" Hochdeutsch. So wird das fremde Sprachsystem sehr gut durchschaubar. Denn in einer fremden Sprache unterscheiden sich z. B. Satzbau und Ausdrucksweise recht stark vom Deutschen. Ohne diese Übersetzungsart ist es so gut wie unmöglich, schnell einzelne Wörter in einem Satz auszutauschen.

Die **Autorinnen** und **Autoren** der Reihe sind Globetrotter, die die Sprache im Land selbst gelernt haben. Sie wissen daher genau, wie und was die Leute auf der Straße sprechen. Deren Ausdrucksweise ist nämlich häufig viel einfacher und direkter als z. B. die Sprache der Literatur oder des Fernsehens.

Besonders wichtig sind im Reiseland **Körpersprache, Gesten, Zeichen** und **Verhaltensregeln**, ohne die auch Sprachkundige kaum mit Menschen in guten Kontakt kommen. In allen Bänden der Kauderwelsch-Reihe wird darum besonders auf diese Art der nonverbalen Kommunikation eingegangen.

Kauderwelsch-Sprechführer sind keine Lehrbücher, aber viel mehr als Sprachführer! Wenn Sie ein wenig Zeit investieren und einige Vokabeln lernen, werden Sie mit ihrer Hilfe in kürzester Zeit schon Informationen bekommen und Erfahrungen machen, die „taubstummen" Reisenden verborgen bleiben.

Inhalt

Vorwort

Amharisch ist die offizielle Amtssprache Äthiopiens. Gegenüber anderen Ländern Afrikas, wo sich bis heute europäische Sprachen – Englisch, Französisch oder Portugiesisch – als Amtssprachen durchgesetzt haben, stellt Äthiopien neben Tanzania in dieser Hinsicht eine Ausnahme dar. Gerade deshalb ist es sinnvoll, wenigstens ansatzweise die Sprache zu lernen, wenn man Äthiopien bereist.

Jahrzehntelang war Äthiopien aufgrund der politischen Situation, der Bürgerkriege und wegen der daraus resultierenden negativen Berichterstattung nicht gerade ein Land, das zu Besuchen einlud. Das hat sich grundlegend geändert. Immer mehr Menschen nutzen die Öffnung Äthiopiens, um Land und Leute dieser uralten christlichen Kultur kennen zu lernen. Das Land stellt sich auf seine Besucher ein, und wir als Touristen sollten uns unsererseits auf unsere Gastgeber einstellen.

Dazu gehören auch ein paar Brocken Amharisch, die einen ganz anderen Einstieg in diese uns fremde Kultur ermöglichen. Die Resonanz auf das Bemühen, eine Landessprache zu erlernen, ist Ihnen sicher schon bekannt. Nicht nur Ihnen, sondern auch Ihren Worten wird sofort Beachtung geschenkt, und man wird versuchen, Sie zu verstehen. Selbst die alltäglichen Erledigungen, sogar die unangenehmsten Behördengänge, können zu positiven Erlebnissen werden, wenn Sie die Sprache des Landes nicht ignorieren. Nicht zuletzt werden Sie auch beim Handeln einen größeren Erfolg haben.

Wie in den meisten Großstädten kommt man zwar auch in den größeren Städten Äthiopiens mit Englisch ganz gut zurecht, auf dem Land jedoch wird sich die Kommunikation oft aufs Amharische beschränken. Glücklich, wer dafür gerüstet ist!

Hinweise zur Benutzung

Der Kauderwelsch-Band „Amharisch" ist in drei Abschnitte gegliedert:

Die **Grammatik** beschränkt sich auf das Wesentliche und ist so einfach wie möglich gehalten. Deshalb sind auch nicht sämtliche Ausnahmen und Unregelmäßigkeiten der Sprache erklärt. Natürlich kann man die Grammatik auch überspringen und sofort mit dem Konversationsteil beginnen. Wenn dann Fragen auftauchen, hat man immer noch die Möglichkeit, in der Grammatik nachzusehen.

Im **Konversationsteil** finden Sie Sätze aus dem Alltagsgespräch, die Ihnen einen ersten Eindruck davon vermitteln sollen, wie die amharische Sprache „funktioniert", und die Sie auf das vorbereiten sollen, was Sie später in Äthiopien hören werden.

Mit Hilfe der **Wort-für-Wort-Übersetzung** können Sie bald eigene Sätze bilden. Sie können die Beispielsätze als Fundus von Satzschablonen und -mustern benutzen, die Sie selbst Ihren Bedürfnissen anpassen. Um Ihnen das zu erleichtern, ist ein erheblicher Teil der Beispielsätze nach allgemeinen Kriterien geordnet („Begrüßung", „Einkaufen", „Unterwegs" usw.). Mit ein bisschen Kreativität und Mut können Sie sich neue Sätze „zusammenbauen", auch wenn das Ergebnis nicht immer grammatikalisch perfekt ausfällt.

Die **Wörterlisten** am Ende des Buches helfen beim Erlernen der Sprache. Sie enthalten einen Grundwortschatz von je ca. 1000 Wörtern Deutsch – Amharisch und Amharisch – Deutsch, mit denen man schon eine ganze Menge anfangen kann.

Jede Sprache hat ein typisches Satzbaumuster. Um die sich vom Deutschen unterscheidende Wortfolge der amharischen Sätze zu verstehen, ist die Wort-für-Wort-Übersetzung in *kursiver* Schrift hinzugefügt. Jedem amharischen Wort entspricht ein Wort in der Wort-für-Wort-Übersetzung. Wird ein amharisches

Wort im Deutschen durch zwei Wörter übersetzt, werden diese zwei Wörter in der Wort-für-Wort-Übersetzung mit einem Bindestrich verbunden, z. B.:

mäkinaye ïzzih näw
Auto-mein hier ist
Mein Auto ist hier.

Oft kann man am gebeugten deutschen Tätigkeitswort nicht eindeutig auf die handelnde Person schließen. In der Wort-für-Wort-Übersetzung ist daher das persönliche Fürwort in Klammern ergänzt:

ïzzih nän
hier (wir-)sind
Hier sind wir.

Werden in einem Satz mehrere Wörter angegeben, die man untereinander austauschen kann, steht ein Schrägstrich zwischen ihnen:

wäda lay/tattsch
nach oben/unten

Seitenzahlen
Um Ihnen den Umgang mit den Zahlen zu erleichtern, wird auf jeder Seite die Seitenzahl auch in Amharisch angegeben!

Die **Umschlagklappe** hilft, die wichtigsten Sätze und Formulierungen stets parat zu haben. Hier finden sich außerdem die wichtigsten Angaben zur Aussprache und eine kleine Liste der wichtigsten Fragewörter, Richtungs- und Zeitangaben. – Wer ist nicht schon einmal aufgrund missverstandener Gesten im fremden Land auf die falsche Fährte gelockt worden?

Aufgeklappt ist der Umschlag eine wesentliche Erleichterung, da nun die gewünschte Satzkonstruktion mit dem entsprechenden Vokabular aus den einzelnen Kapiteln kombiniert werden kann.

Wenn alles nicht mehr weiterhilft, dann ist vielleicht das Kapitel „Nichts verstanden? – Weiterlernen!“ der richtige Tipp. Es befindet sich ebenfalls im Umschlag, stets bereit, mit der richtigen Formulierung z. B. für „Ich verstehe leider nicht.“ oder „Können Sie das bitte wiederholen?“ auszuhelfen.

Land & Sprache

Äthiopien ist mit ca. 68 Millionen Einwohnern einer der bevölkerungsstärksten Staaten Afrikas. Von seiner Fläche her ist das Land so groß wie Frankreich und Spanien zusammengenommen.

Ungefähr die Hälfte des Landes liegt über 1200 m, ein weiteres Viertel über 2000 m hoch. Die Hauptstadt Addis Abeba befindet sich auf einer Höhe von 2400 m über dem Meeresspiegel. Dieses Hochland wird zerrissen vom „Afrikanischen Graben“, der sich

Vergessen Sie deshalb nicht, auch warme Kleidung mitzunehmen.

vom Roten Meer bis nach Kenia und Tanzania erstreckt. Deshalb existieren in Äthiopien neben dem zentralen Hochland im Nordosten auch Gebiete, die bis zu 100 m unter dem Meeresspiegel liegen (Danakilsenke am Roten Meer).

Das Hochland machte aus Äthiopien in der Geschichte eine uneinnehmbare Festung, und so ist Äthiopien der wahrscheinlich älteste unabhängige Staat der Welt. Zuletzt scheiterte an dieser Festung auch Italiens modernes Heer.

Diese Unabhängigkeit wurde auch Europäern gegenüber immer wieder verdeutlicht: Als Kaiser Theodros im 19. Jahrhundert die Gesandten der Königin Victoria nach England zurückschickte, tat er es mit einer Geste, die diese Haltung sehr deutlich machte: In einem symbolischen Akt ließ Theodros dafür sorgen, dass allen Gesandten die Füße gewaschen wurden, bevor sie den äthiopischen Boden verließen. Nicht einmal den äthiopischen Staub an ihren Füßen durften die Gesandten in ein anderes Königreich mitnehmen.

In Äthiopien gibt es insgesamt ca. 80 Sprachen – Dialekte nicht mitgezählt – mit Sprecherzahlen von weniger als Hundert bis zu mehreren Millionen. Die am weitesten verbreitete Sprache Äthiopiens ist Amharisch (**Amariña**), das auch die Funktion der Amtssprache hat. Wer Amharisch spricht, wird fast überall in Äthiopien verstanden.

Amharisch gehört, wie auch „Tigrinja“, die „Gurage-Sprachen“ und viele andere kleinere Sprachen des Landes, der semitischen Sprachfamilie an. Wie die meisten semitischen Sprachen (die bekanntesten sind Arabisch und Hebräisch) hat auch das Amharische ein komplexes System von Tätigkeitswörtern, das beim Lernen die einzig erwähnenswerten Schwierigkeiten bereiten wird.

Vom Satzaufbau her lässt sich Amharisch mit Sprachen wie Japanisch oder Türkisch vergleichen (die sonst allerdings nichts miteinander gemein haben), in denen die Satzaussage (Prädikat = P) am Ende des Satzes steht und der Satzgegenstand (Subjekt = S) vor der Satzergänzung (Objekt = O), also: S-O-P.

Im Deutschen benutzen wir diese „amharische“ Satzstellung auch – und zwar in allen Nebensätzen (die z. B. mit „weil“ oder „wenn“ anfangen): „weil/wenn Touristen (S) Äthiopien (O) besuchen (P)“.

Wie jede andere lebendige Sprache hat sich auch Amharisch viele Begriffe und Wörter aus anderen Sprachen einverleibt. Besonders häufig werden einem englische, französische, italienische und auch arabische Wörter begegnen – in leicht amharisierter Form.

AusspracheTrainer

Falls Sie sich die wichtigsten amharischen Sätze, die in diesem Buch vorkommen, einmal von einem Einheimischen gesprochen anhören möchten, kann Ihnen Ihre Buchhandlung den ***AusspracheTrainer (Audio-CD)*** *zu diesem Buch besorgen. Sie bekommen ihn auch über unseren Internetshop* ***www.reise-know-how.de*** *Der* ***AusspracheTrainer*** *steht dort auch als* ***MP3-Download*** *zur Verfügung. Alle Sätze, die Sie auf dem* ***AusspracheTrainer*** *hören können, sind in diesem Buch mit einem 👂 gekennzeichnet.*

Karte von Äthiopien

Lautschrift & Aussprache

Schon vor gut 2000 Jahren entwickelte sich die äthiopische Schrift, und sie ermöglicht einen so weiten Blick zurück in die Geschichte, wie es bei keinem anderen afrikanischen Land möglich ist.

Amharisch setzte sich aber erst im 19. Jh. als Schriftsprache durch. Nach einigen Veränderungen der äthiopischen Schrift verdrängte es die seit 1000 Jahren tote Sprache **Ge'ez**, die heute nur noch in der Literatur und der orthodoxen Kirche fortbesteht.

Wenn auch Amharisch im Gegensatz zu fast allen anderen afrikanischen Sprachen eine eigene Schrift entwickelt hat, ist es für den, der in kurzer Zeit eine gute Aussprache erwerben will, ein großer Umweg, damit anzufangen: Erstens fehlt den meisten Besuchern die Zeit, alle 250 Zeichen auswendig zu lernen – und zweitens muss man feststellen, dass sich aus den mühsam erlernten Zeichen eine eindeutige Aussprache nicht ablesen lässt.

Also wurde für dieses Buch eine Lautschrift gewählt, die a) dem gesprochenen Amharisch voll gerecht wird und b) sofort zu einer (fast) korrekten Aussprache führt. In diesem Buch werden alle kritischen Lautunterschiede gezeigt (auch der Unterschied zwischen kurzen und langen Mitlauten wie z. B. **b**, **d**, **g**/**bb**, **dd**,

gg, der in der äthiopischen Schrift nicht sichtbar ist), denn für eine (unmiss)verständliche Kommunikation ist die Aussprache sehr wichtig.

Jede Lautschrift ist etwas gewöhnungsbedürftig; wer sich aber ein bisschen für diese Sprache interessiert und die Ohren offenhält, wird mit diesem Einstieg keine Schwierigkeiten haben.

Obwohl die meisten Buchstaben dieser Lautschrift vom Deutschen her vertraut sind (einschließlich **sch** und **tsch**), spiegeln sie doch das amharische Lautsystem voll und unverfälscht wieder.

Im Amharischen gibt es 7 Selbstlaute (Vokale) und 26 Mitlaute (Konsonanten). Darüberhinaus verwendet diese Sprache weder Ton noch Betonung - aber, wie oben schon gesagt, die „Verdoppelung" der Mitlaute.

Die Mitlaute

Unproblematisch, weil wie im Deutschen, sind die folgenden 13 Laute: **b**, **d**, **f**, **g**, **h**, **k**, **l**, **m**, **n**, **p**, **sch**, **t** und **tsch**. Die anderen 13 Laute sind: **dsch**, **j**, **k'**, **ñ**, **p'**, **r**, **s**, **ts'**, **t'**, **tsch'**, **w**, **y** und **z**. Sie müssen jetzt erklärt werden:

dsch	wie in „**Dsch**ungel": **lïdsch** (Kind)
j	wie in „**J**ournal": **garaj** (Werkstatt)
ñ	wie in „se**ñ**or", aber gedehnt: **amarïña** (Amharisch)
r	gerollt wie im Spanischen: **krar** (Gitarre)

s	stimmlos wie in „reißen“: **säw** (Person)
w	wie engl. „w“ in „**w**ater“, am Ende eines Wortes wie „u“: **wäf** (Vogel)
y	wie in „Japan“: **yïk'ïrta** (Entschuldigung!)
z	wie stimmhaftes „s“ in „rei**s**en“: **zïnab** (Regen)

Die Verschlusslaute

Die Laute **k'**, **p'**, **t'**, **tsch'** und **ts'** entstehen, indem man sie aus dem Rachen- oder Mundraum „hinausschleudert“ – ohne dabei Luft aus der Lunge zu gebrauchen. (Die Kehle bleibt zu.) Werden diese Laute verdoppelt, hält man sie vor dem Hinausschleudern etwas zurück. Sobald man diese Laute einmal gehört hat, wird klar, was hier gemeint ist.

Auch die ausführlichste Erklärung wird vielleicht erfolglos bleiben, weil ja diese Verschlusslaute im europäischen Sprachraum nicht existieren. Also hinhören und nachahmen!

k'	wie **k'äyy** (rot)
p'	wie **p'et'ros** (Petrus)
t'	wie **t'ot'a** (Affe)
ts'	wie **ts'ähay** (Sonne)
tsch'	wie **tsch'äw** (Salz)

Die Verdoppelung der Mitlaute

In dieser Umschrift enthalten viele Wörter Doppelbuchstaben. Das bedeutet, dass sie ganz bewusst lang und mit Nachdruck ausgesprochen werden müssen – anders als im Deutschen! Das **mm** z. B. ist lang wie in „Schwi**mm**eister" – nicht kurz wie in „Schwimmen"! Bei **bb**, **dd** oder **gg** zögern Sie das Aussprechen einfach ein bisschen hinaus. Jeder Äthiopier ist gern bereit, Beispiele vorzuführen: Fragen Sie nach dem Unterschied zwischen **alä** (er sagte) und **allä** (er ist), oder nach **säfi** (Schneider) und **säffi** (Größe, Weite)!

Die Verdoppelung von **sch** sieht ein bisschen umständlich aus: Sie wird **schsch** geschrieben wie z. B. in **ïschschi!** (OK!).

Das doppelte **tsch** wird – weniger umständlich – als **ttsch** geschrieben.

Doppeltes **p'**, **t'** oder **k'** erscheint als **pp'**, **tt'** bzw. **kk'**. Diese Laute werden vor dem „Hinausschleudern" etwas zurückgehalten.

Die Selbstlaute

Die Selbstlaute sind denen des Deutschen sehr ähnlich; so gibt es bei **a**, **i** und **u** keinen Unterschied zum Deutschen.

e	klingt wie ein geschlossenes „e" in „W**e**g"

ä	klingt wie ein offenes „e“ oder „ä“ in „Kl**e**cks“ oder „B**ä**r“
o	klingt wie in „s**o**“, nicht wie in „oft“

Nur das **ï** ist im Deutschen nicht zu finden: Es wird in etwa wie das deutsche ü gesprochen, aber nicht mit gespitzten Lippen gebildet, sondern mit gespreizten (wie beim i). Das klingt dann wie ein Zwischending zwischen „H**i**t“ und „H**ü**tte“. Doch Erklärungen helfen weniger als gutes Zuhören – das **ï** ist nämlich der häufigste Laut!

Abkürzungen

EZ	Einzahl (Singular)
MZ	Mehrzahl (Plural)
m	männlich (maskulin)
w	weiblich (feminin)
GF	Grundform (Infinitiv)
HF	Höflichkeitsform

Wörter, die weiterhelfen

Wenn es während der Anreise langweilig wird, lassen Sie Ihrem Lerneifer freien Lauf. Versuchen Sie die ersten Sätze zu bilden, indem Sie die folgenden Phrasen vervollständigen.

Wer die folgenden Formulierungen bei der Ankunft beherrscht, wird schnell ein Taxi oder ein Hotelzimmer finden – oder das Telefon. Wer schon nichts versteht, soll wenigstens verstanden werden:

... yet näw?
Wo ist ...?

... ïfällïgallähu
Ich brauche/möchte ...

... alläwo?
Haben Sie ...?

... ïzzih allä?
Gibt es hier ...?

In diese Sätze bzw. Fragen kann man jedes beliebige Hauptwort aus der Vokabelliste unverändert einsetzen, z. B.: **sïlk** (Telefon):

sïlk yet näw?
Wo ist das Telefon?

sïlk ïzzih allä?
Gibt es hier ein Telefon?

Einige andere Möglichkeiten:

taksi
Taxi

ïk'a
Gepäck, Sachen

kïfïl
Zimmer

suk'
Laden

schïnt bet
Urin Haus
Toilette

mïgïb bet
Essen Haus
Restaurant

hospital
Krankenhaus

hakim
Arzt

mädhanit bet
Medikament Haus
Apotheke

embasi
Botschaft

adraschscha
Adresse

– oder, wie schon gesagt, jedes andere beliebige Wort aus der Wörterliste.

awo!
ja!

ay!
nein!

Hauptwörter

Das Hauptwort im Amharischen bietet deutschen Sprechern keine Schwierigkeiten: Hauptwörter werden nicht nach männlich oder weiblich unterschieden (mit Ausnahme von Personen), sie brauchen auch keinen Artikel, und nicht einmal die Unterscheidung Einzahl/Mehrzahl ist wichtig. Anstelle eines bestimmten Artikels hängt man einfach ein **-u** an das Hauptwort. Nur bei weiblichen Personen (z. B. „die Frau") wird ein **-wa** angehängt.

säw	(ein) Mann	**säwu**	der Mann
set	(eine) Frau	**setwa**	die Frau
bet	(ein) Haus	**betu**	das Haus

Mehrzahl

Wenn die Mehrzahl aus dem Zusammenhang nicht klar hervorgeht, kann sie durch das Anhängen der Silbe - **ottsch** gebildet werden (man muss aber wie gesagt nicht zwischen Einzahl und Mehrzahl unterscheiden); die Selbstlaute **a**, **o**, **u**, auf die ein Hauptwort endet, verschwinden, wenn **-ottsch** angehängt wird.

säw Mann	**säwottsch** Männer
set Frau	**setottsch** Frauen
bet Haus	**betottsch** Häuser
geta Herr	**getottsch** Herren
bäre Ochse	**bäreottsch*** Ochsen
astämari Lehrer	**astämariottsch*** Lehrer

Höflichkeitsform für „Mein Herr“

** Die Selbstlaute* e *und* i *bleiben erhalten.*

bïzu (viel)

Wer es sich ganz einfach machen will, verwendet ein Zahlwort oder das Wort **bïzu** (viel), um eine unbestimmte große Anzahl von etwas auszudrücken.

Dann ist es nicht mehr nötig, die Mehrzahl mit **-ottsch** zu verwenden. Im Amharischen (und anderen äthiopischen Sprachen) beschreibt nämlich die Einzahl nicht unbedingt etwas „Einzelnes“, sondern eher die Gesamtheit von etwas.

and lïdsch
ein Kind
ein Kind

bïzu/hulätt lïdsch
viel/zwei Kind
viele/zwei Kinder

and bet
ein Haus
ein Haus

bïzu/sïddïst bet
viel/sechs Haus
viele/sechs Häuser

Und wenn man sehr genau sein will:

bïzu/hulätt lïdschottsch
viel/zwei Kind-MZ
viele/zwei Kinder

bïzu/sïddïst betottsch
viel/sechs Haus-MZ
viele/sechs Häuser

Dieses & Jenes

Die hinweisenden Fürwörter **yïh/yïhe** „diese(r)“ und **ya** „jene(r)“ (für Dinge außerhalb der Reichweite des Sprechers) gibt es – wie im Deutschen – in der Einzahl und der Mehrzahl. Da, wie gesagt, die Hauptwörter im Allgemeinen ohne Geschlecht sind, verwendet man nur eine Form. Die rein weibliche Form **yïhïtsch** bzw. **yatschi** wird nur dann benutzt, wenn man von einer Frau oder einem Mädchen spricht.

Einzahl

yïh oder **yïhe**	dieser/diese/dieses	*gleichbedeutend*
yïhïtsch	diese	*nur weibliche Form*
ya	jener/jene/jenes bzw. der/die/das da	
yatschi	jene bzw. die da	*nur weibliche Form*

Mehrzahl

Die Vorsilbe **ïnnä-** zeigt (wie später auch beim persönlichen Fürwort) die Mehrzahl an. Die rein weibliche Form gibt es im Plural nicht.

ïnnäzzih	diese
ïnnäzziya	jene, bzw. die da

Stellung

Die hinweisenden Fürwörter stehen vor dem Hauptwort, auf das sie sich beziehen.

yïh agär
dieses Land

ïnnäzzih agärottsch
diese Länder

ya bet
jenes Haus/
das Haus da

ïnnäzziya betottsch
jene Häuser/
die Häuser da

In diesem Zusammenhang sind sicher auch folgende zwei Wörter nützlich:

ïzzih
hier

ïzziya
dort

Eigenschaftswörter

Die Eigenschaftswörter stehen – wie im Deutschen – immer vor dem Hauptwort, auf das sie sich beziehen. Sie richten sich weder nach dem Geschlecht (männlich/weiblich) noch nach der Anzahl (Einzahl/Mehrzahl).

Man kann zwar die Mehrzahl bilden – aber darauf brauchen wir nicht einzugehen.

addis abäba
neu Blume
(die) neue Blume

k'ondscho bet
schön Haus
das schöne Haus

tïkkus mïgïb
heiß Essen
das heiße Essen

k'ondscho betottsch
schön Häuser
die schönen Häuser

Soll in einem „beschreibenden" Satz auf eine Eigenschaft hingewiesen werden oder ein Eindruck „beschrieben" werden, dann folgt das Eigenschaftswort dem Hauptwort.

sein

Hierbei ist das Tätigkeitswort „sein" nützlich. Zu beachten ist, dass man im Amharischen bei der „du"-Form zwischen männlich und weiblich unterscheidet.

sein	
näñ	ich bin
näh	du (m) bist
näsch	du (w) bist
näw	er/es ist
nättsch	sie ist
näwot	Sie sind (HF)
nän	wir sind
nattschĭhu	ihr seid
nattschäw	sie/Sie (HF) sind

ya bet k'ondscho näw
jenes Haus schön ist
Jenes Haus/das Haus da ist schön.

k'ondscho näsch
schön (du/w-)bist
Du (w) bist schön.

waga wĭdd näw
Preis teuer ist
Der Preis ist zu hoch.

yĭh mĭgĭb tĭkkus näw
dies Essen heiß ist
Dieses Essen ist heiß.

bät'am	(sehr)

Einem Eigenschaftswort (z. B. heiß) kann immer das Wort „sehr" vorangestellt werden:

bät'am tïkkus mïgïb
sehr heiß Essen
ein sehr heißes Essen

yïh mïgïb bät'am tïkkus näw
dies Essen sehr heiß ist
Dieses Essen ist sehr heiß.

lïdsch bät'am tïnnïsch näw.
Kind sehr klein ist
Das Kind ist sehr klein.

Steigern & Vergleichen

Das Amharische kennt keine Eigenschaftswörter, die einen Vergleich oder eine Steigerung enthalten, wie z. B. im Deutschen „besser, schneller, höher“ bzw. „am besten, am schnellsten“ usw. Stattdessen bedient man sich der Vorsilbe **kä-** (von, aus), die man vor das erste der beiden zu vergleichenden Wörter setzt:

käyïh bet ya bet tïllïk' näw
von-dies Haus jenes Haus groß ist
Das Haus da ist größer als dieses Haus.

käPät'ros Pawlos tïnnïsch näw
von-Peter Paul klein ist
Paul ist kleiner als Peter.

Will man eine Vorliebe oder Bewertung ausdrücken, kann man zusammen mit **kä-** das Wort **yïschschalall** verwenden, was soviel wie „es ist besser“ oder „ich bevorzuge“ bedeutet.

käyïh hotel ya hotel yïschschalall
von-dies Hotel jenes Hotel (es-)besser-ist
Das Hotel da ist besser als dieses.

käsïga asa yïschschalall
von-Fleisch Fisch (es-)besser-ist
Fisch ist besser als Fleisch./Fisch ist mir lieber als Fleisch.

Steigern & Vergleichen

Man kann yïschschalall *auch alleine (ohne* kä-*) verwenden.*

mätsche yïschschalall, zare wäyïss nägä?
wann (es-)besser-ist, heute oder morgen
Was ist besser, heute oder morgen?

zare yïschschalall
heute (es-)besser-ist
Ich halte heute für besser.

yïhe k'äläm yïschschalall
diese Farbe (es-)besser-ist
Diese Farbe gefällt mir besser.

Eine Möglichkeit, die 1. Steigerungsform (Komparativ) auszudrücken, ist die Verwendung des Wortes **bät'am** (sehr).

Für die 2. Steigerungsform (Superlativ) zusätzlich **ïddschïgg** (zu sehr).

Welches ist nun das beste Hotel am Ort?

yïh hotel t'ïru näw
dieses Hotel gut ist
Dieses Hotel ist gut.

yïh hotel bät'am t'ïru näw
dieses Hotel sehr gut ist
Dieses Hotel ist besser (sehr gut).

yïh hotel ïddschïgg bät'am t'ïru näw
dieses Hotel zu sehr gut ist
Dieses Hotel ist das beste (zu gut).

Persönliche Fürwörter

Im Gegensatz zum Deutschen muss man im Amharischen die persönlichen Fürwörter nicht zum Tätigkeitswort setzen, da aus den verschiedenen Verbformen hervorgeht, von wem die Rede ist. Man kann sie jedoch selbstständig - z. B. als Antwort - oder zur Betonung und Hervorhebung verwenden.

EZ	
ïne	ich
antä/antschï	du (m/w)*
ïssu	er
ïsswa	sie
ïrswo	Sie (HF)
MZ	
ïña	wir
ïnnantä	ihr
ïnnässu	sie/Sie (HF)

** Wie bereits erwähnt, unterscheidet das Amharische bei der „du"-Form zwischen männlich und weiblich, daher hier auch zwei verschiedene Formen.*

man? - antä!
wer? - du! (m)

man? - antschï!
wer? - du! (w)

Neben der normalen Höflichkeitsform „Sie" (EZ/MZ) gibt es noch eine besondere Höflichkeitsform, die man verwendet, wenn man über eine Person sehr respektvoll spricht:

ïssattschäw er, sie (mit Respekt)

„Er“ wird hier betont und mit Respekt verwendet.

ïssattschäw t'ïru säw näw
er gut Mensch ist
Er ist ein guter Mensch.

man?	**– ïnnässu / ïrswo!**
wer?	– sie / Sie!
man?	**– ïnnantä!**
wer?	– ihr!

Besitzanzeigende Fürwörter

Es gibt im Amharischen zwei verschiedene Arten, Besitz auszudrücken – ähnlich dem deutschen „das Haus von Peter“/„Peters Haus“. Der ersten Art entspricht ein besitzanzeigendes Fürwort, vergleichbar dem deutschen „von mir“, „von dir“, „von ihm“ usw. Die Vorsilbe **yä-**, eigentlich ein Verhältniswort mit der Bedeutung „von“, wird vor das persönliche Fürwort gesetzt und verschmilzt jeweils mit dem ersten Selbstlaut des persönlichen Fürwortes.

Dabei gilt:

a schluckt **ä** und **ä** schluckt **ï**.
Also statt **yäïne** sagt man **yäne** („von-ich“).

yäne bet
von-ich Haus
mein Haus

yäne mäkina
von-ich Auto
mein Auto

yantschi mäkina
von-du/w Auto
dein (w) Auto

Und weil diese Regel (**a** schluckt **ä**, **ä** schluckt **ï**) für die ganze Sprache gilt, zur Illustration gleich noch die ganze Reihe von verschmolzenen Fürwörtern:

EZ		
yä-ïne	**yäne**	mein
yä-antä	**yantä**	dein (m)
yä-antschï	**yantschi**	dein (w)
yä-ïssu	**yässu**	sein
yä-ïsswa	**yässwa**	ihr
yä-ïrswo	**yärswo**	Ihr (HF)
MZ		
yä-ïña	**yäña**	unser
yä-ïnnantä	**yännantä**	euer
yä-ïnnässu	**yännässu**	ihr/Ihr (HF)

yäne bet näw
von-ich Haus ist
Das ist mein Haus.

yässwa barnet'a näw
von-sie Hut ist
Das ist ihr Hut.

Besitzanzeigende Fürwörter

Dass man **yä-** nicht nur vor ein persönliches Fürwort stellen, sondern es auch mit einem Hauptwort verbinden kann, sieht man an den folgenden Sätzen:

yäPeter bet näw
von-Peter Haus ist
Das ist Peters Haus.

yato Dästa mäkina näw?
von-Herr Dästa Auto ist
Ist das Herrn Dästas Auto?

Die andere Möglichkeit, Besitz anzuzeigen, besteht darin, dass eine Endung an das Hauptwort gehängt wird.

Endet das Hauptwort auf einen Selbstlaut (Vokal), z. B. **mäkina**:

EZ		
-ye	**mäkinaye**	mein Auto
-h/-sch (m/w)	**mäkinah/mäkinasch**	dein (m/w) Auto
-w/-wa (m/w)	**mäkinaw/mäkinawa**	sein/ihr Auto
MZ		
-ttschïn	**mäkinattschïn**	unser Auto
-ttschïhu	**mäkinattschïhu**	euer Auto
-ttschäw	**mäkinattschäw**	ihr Auto

Endet das Hauptwort auf einen Mitlaut (Konsonant), z. B. **bet**:

EZ		
-e	**bete**	mein Haus
-ïh/ïsch (m/w)	**betïh/betïsch**	dein (m/w) Haus
-u/-wa (m/w)	**betu/betwa**	sein/ihr Haus
MZ		
-attschïn	**betattschïn**	unser Haus
-attschïhu	**betattschïhu**	euer Haus
-attschäw	**betattschäw**	ihr Haus

gänzäbe yet näw?
Geld-mein wo ist
Wo ist mein Geld?

borsasch ïzzih näw
Beutel-dein/w hier ist
Dein (w) Geldbeutel ist hier.

Sein & Haben

Die wichtigsten Verben sind **näw** und **allä**. Beide Tätigkeitswörter bedeuten „sein", jedoch ist die Unterscheidung nicht immer ganz leicht und eindeutig.

sein

näw

Um Eigenschaften oder Berufe auszudrücken („etwas sein"), aber auch für bestimmte Dinge (siehe Beispiel unten: „Wo ist die deutsche Botschaft?") benutzt man **näw**.

dschärmän embasi yet näw?
deutsch Botschaft wo ist
Wo ist die deutsche Botschaft?

Gegenwart näw EZ	
näñ	ich bin
näh	du (m) bist
näsch	du (w) bist
näw	er/es ist
nättsch	sie ist
näwo	Sie sind

MZ	
nän	wir sind
nattschĭhu	ihr seid
nattschäw	sie/Sie sind

Mit **näw** kann man viele einfache, nützliche Sätze bilden wie:

ĭzzih näñ
hier (ich-)bin
Hier bin ich.

t'ĭru näw
gut ist
Das ist gut.

lĭkk nattschäw!
richtig (sie/Sie-)sind
Recht haben sie/Sie!

yässu sĭm Solomon näw
von-er Name Solomon ist
Er heißt Solomon.

allä

Für „sein" im Sinn von „sich befinden" oder „existieren" sowie für unbestimmte Dinge verwendet man **allä** (siehe Beispiel unten: „Gibt es eine deutsche Botschaft?" oder „Wo gibt es eine deutsche Botschaft?").

dschärmän embasi allä?
deutsch Botschaft ist
Gibt es eine deutsche Botschaft?

Gegenwart allä	
EZ	
allähu	ich bin
alläh	du (m) bist
alläsch	du (w) bist
allä	er/es ist
allättsch	sie ist
MZ	
allän	wir sind
allattschĭhu	ihr seid
allu	sie/Sie sind

ïsswa bähospital allättsch
Sie in-Krankenhaus (sie-)ist
Sie ist im Krankenhaus.

ïzzih hotel allä
hier Hotel (es-)ist
Hier gibt es ein Hotel.

Das sollte für eine erste Orientierung bei **näw** und **allä** genügen. Als aufmerksamer Zuhörer wird man im Land schnell merken, wann was gebraucht wird.

haben

Das Verb **allä** hat mit anderen Endungen auch die Bedeutung „haben". Genau genommen sagt man also statt „ich habe ein Haus" „ein Haus ist mir".

EZ	
allañ	ich habe
alläh	du (m) hast
alläsch	du (w) hast
alläw	er/es hat
allat	sie hat
alläwo	Sie haben (HF)
MZ	
allattschĭn	wir haben
allattschĭhu	ihr habt
allattschäw	sie haben

es ist mir/da für mich

mäkina allañ
Auto (ich-)habe
Ich habe ein Auto.

mĭn alläh?
was (du-)hast
Was hast du?/Was ist los mit dir?

ĭsti, hamsa santim alläh?
AUFFORDERUNG, 50 Cents (du/m-)hast
Sag, hast du mal 50 Cents?

ĭsti = *etwa engl. „well"*

Verneinung von sein & haben

Für die Verneinung von sein und haben braucht man nur zwei Wörter – die auch als „nein" und „nicht" benutzt werden:

yälläm!
Nein!
(Verneinung von **allä**)

aydälläm!
Nein!
(Verneinung von **näw**)

hotel yälläm
Hotel nicht-sein
Es gibt kein Hotel.

k'ondscho aydälläm
schön nicht-sein
Das ist nicht schön.

källal näw, aydälläm?
einfach ist, nein
Das ist einfach, nicht wahr?

Tätigkeitswörter

Ohne Tätigkeitswort kann man keine Sätze bauen – und gerade das Tätigkeitswort ist es, das im Amharischen sehr schwierig ist! Da es neun verschiedene Gruppen Tätigkeitswörter gibt, bräuchte man allein mindestens einen Band wie diesen, um sie ansatzweise darzustellen. So steht man vor der Wahl, auf alle Tätigkeitswörter zu verzichten und nur in Hauptwörtern zu reden („Auto Unfall Elend Arzt") – oder das Hindernis „Verb" gleich zu Beginn zu überwinden, mit dem Schwung des Anfängers.

Zeiten

Die Grundform der amharischen Tätigkeitswörter erkennt man an der Vorsilbe **mä-** (manchmal auch nur **m-**, da ja bekanntlich jedes **ä** von einem benachbarten **a** verschluckt wird!). Von dieser Grundform erhält man durch Wegnahme von **mä-** bzw. **m-** den Stamm, an den man bei regelmäßigen Verben (die aber nicht sehr häufig sind!) ein **-ä** anhängt und so die 3. Person EZ (er) Vergangenheit bilden kann. (Üblicherweise wird die Vergangenheit – wie auch die Gegenwart – immer in der 3. Person EZ (er) angegeben.) Mit Hilfe des Stammes sowie der Vorsilbe **yï-** und der Nachsilbe **-all** konstruiert man dann die 3. Person EZ (er) Gegenwart.

In der Wörterliste werden deshalb alle Tätigkeitswörter in drei Formen angegeben: Grundform/3. Person EZ (er) Vergangenheit/3. Person EZ (er) Gegenwart, z. B.:

verkaufen **mäschät', schät'ä, yïschät'all**
(= verkaufen, er verkaufte, er verkauft)

Nicht immer jedoch ist die Bildung der Zeiten so einfach wie bei diesem regelmäßigen Verb. Bei vielen Tätigkeitswörtern verändert sich der Stamm, bevor er zur Bildung der Vergangenheitsform dienen kann. Allerdings ist dann die weitere Veränderung dieses „Vergangenheits"-Stammes zur Ableitung der Gegenwart meist gering:

rufen **mät'rat, t'ärra, yït'ärall**
(= rufen, er rief, er ruft)

In jedem Fall sollte man erst in der Wörterliste nachsehen und die richtige Form suchen, bevor man sich daran macht, die entsprechenden Vorsilben oder Endungen für die jeweilige Person hinzuzufügen!

Vergangenheit

Wie bereits oben kurz erwähnt, bildet man die Vergangenheitsform der regelmäßigen Verben, indem man von der Grundform (Infinitiv) die Vorsilbe **mä-** bzw. **m-** wegnimmt und an den so erhaltenen Stamm die unten aufgeführten Endungen anhängt:

Vergangenheit von **mäschät'** „verkaufen"

EZ		
schät'	**-ku**	ich verkaufte
schät'	**-k**	du (m) verkauftest
schät'	**-sch**	du (w) verkauftest
schät'	**-ä**	er/es verkaufte
schät'	**-ättsch**	sie verkaufte
MZ		
schät'	**-n**	wir verkauften
schät'	**-attschïhu**	ihr verkauftet
schät'	**-u**	sie/Sie verkauften

Vergangenheit von **mähed** „gehen“

EZ		
hed	**-ku**	ich ging
hed	**-k**	du (m) gingst
hed	**-sch**	du (w) gingst
hed	**-ä**	er/es ging
hed	**-ättsch**	sie ging
MZ		
hed	**-n**	wir gingen
hed	**-attschïhu**	ihr gingt
hed	**-u**	sie/Sie (HF) gingen

Die Endungen **-ku** und **-k** werden durch **-hu** und **-h** ersetzt, wenn der Stamm auf einen Selbstlaut endet.

bunna fällägu
Kaffee (sie-)wollten
Sie wollten Kaffee.

fïrafre gäzzasch?
Obst (du-)kauftest
Hast du Obst gekauft?

bät'am däkkämä
sehr (er-)ermüdete
Er war sehr müde.

Ato Dästa ayyän
Herr Desta (wir-)sahen
Wir haben Herrn Desta gesehen.

Verneinung der Vergangenheit

Bei der Verneinung der Vergangenheit verändert sich das Verb vorn und hinten: Es wird die Vorsilbe **al-** und die Nachsilbe **-m** angefügt, wie im Beispiel:

hedku	ich ging
al+hedku+m	ich ging nicht

** Das ï taucht nach Mitlauten auf, es dient der einfacheren Aussprache (dkm wäre unaussprechlich!).*

EZ	
alhedkum	ich ging nicht
alhedkïm*	du (m) gingst nicht
alhedschïm*	du (w) gingst nicht
alhedäm	er ging nicht
alhedättschïm*	sie ging nicht
MZ	
alhednïm*	wir gingen nicht
alhedattschïhum	ihr gingt nicht
alhedum	sie/Sie gingen nicht

mäkina alayyähum
Auto nicht-(ich-)sah
Ich habe kein Auto gesehen./
Ich habe das Auto nicht gesehen.

mäblat alfällägattschïhum?
essen nicht-(ihr-)wolltet
Wolltet ihr nicht essen?

awo, mäblat alfällägnïm
ja, essen nicht-(wir-)wollten
Nein, wir wollten nicht essen.*

** Wie diese etwas eigenartige Antwort zu verstehen ist, wird im Kapitel „Fragen" erklärt.*

Gegenwart

Die Gegenwart lässt sich nicht ohne das Ergänzungsverb „sein" ausdrücken. Genau genommen kann man nicht sagen „ich gehe", sondern „ich gehe bin", etwa „ich bin am Gehen". Zunächst also die Formen des Ergänzungsverbs „sein":

Gegenwart **allä** „sein"

EZ	
allähu	ich bin
alläh	du (m) bist
alläsch	du (w) bist
allä	er/es ist
allättsch	sie ist
MZ	
allän	wir sind
allattschïhu	ihr seid
allu	sie sind

Wenn man nun ein regelmäßiges Tätigkeitswort beugen möchte, stellt man für jede Person die entsprechende Vorsilbe (s. u.) vor den Stamm und ergänzt das mit den obenstehenden Formen von „sein", wobei man bei der 3. Person EZ („er") das **-ä** von **allä** weglässt.

mähed	gehen (Grundform)	
ï+hed+allähu	ich gehe	
tï+hed+alläh	du (m) gehst	usw.

EZ	
ïhedallähu	ich gehe
tïhedalläh	du (m) gehst
tïhedalläsch	du (w) gehst
yïhedall	er/es geht
tïhedallättsch	sie geht
MZ	
ïnhedallän	wir gehen
tïhedallattschïhu	ihr geht
yïhedallu	sie/Sie gehen

mäschät' verkaufen (Grundform)
ï+schät'+allähu ich verkaufe
tï+schät'+alläh du (m) verkaufst usw.

EZ	
ïschät'allähu	ich verkaufe
tïschät'alläh	du (m) verkaufst
tïschät'alläsch	du (w) verkaufst
yïschät'all	er/es verkauft
tïschät'allätsch	sie verkauft
MZ	
ïnschät'allän	wir verkaufen
tïschät'allattschïhu	ihr verkauft
yïschät'allu	sie/Sie verkaufen

mäkina yïhedall
Auto (es-)geht-ist
Das Auto fährt.

bäg yïgäzall?
Schaf (er-)kauft-ist
Kauft er ein Schaf?

ïssu yïkäflall?
er (er-)zahlt-ist
Zahlt er?
(„er“ betont!)

ay, ïne ïkäflallähu!
nein, ich (ich-)zahle-bin
Nein, ich zahle!
(„ich“ betont!)

Verneinung der Gegenwart

Die Verneinung der Gegenwart wird gebildet, indem man den Stamm um eine sich verändernde Vorsilbe **(al-/at-/ay-/an-)** sowie die Nachsilbe **-m** (bei Selbstlauten) bzw. **-ïm** (bei Mitlauten) ergänzt. Bei der 2. und 3. Person MZ wird **-um** angehängt, ein etwaiger Schlussvokal des Verbes fällt weg.
Beispiel „gehen“: **al+hed+ïm**

Verneinung **mähed**

EZ	
alhedïm	ich gehe nicht
athedïm	du (m) gehst nicht
athedïm	du (w) gehst nicht
ayhedïm	er/es geht nicht
athedïm	sie geht nicht
MZ	
anhedïm	wir gehen nicht
athedum	ihr geht nicht
ayhedum	sie/Sie gehen nicht

k’oda aygäzum?
Fell nicht-(Sie-)kaufen
Wollen Sie nicht ein Tierfell kaufen?

ay, ayfäk'dum
nein, nicht-(sie-)erlauben
Nein, das ist nicht erlaubt.

Zukunft

Eine Zukunftsform gibt es nicht. Um etwas auszudrücken, was in der Zukunft liegt, verwendet man einfach die Form der Gegenwart und Wörter wie „morgen, in einer Woche, nächstes Jahr".

and sammïnt bähwala ïhedallähu
eine Woche danach (ich-)gehe-bin
In einer Woche gehe ich.

bäsost sä'at ïnnïggänañallän
bei-drei Uhr (wir-)treffen-sind
Um 3 Uhr treffen wir uns.

Befehlsform

Die Befehlsformen sind die kürzesten Formen des Verbs. Es gibt eine männliche Befehlsform, eine weibliche und eine für die Mehrzahl (die auch als Höflichkeitsform dient). Zur regelmäßigen Bildung der Befehlsform nimmt man den Infinitivstamm und erhält so bereits den männlichen Imperativ („du"/m). Die weibliche Form („du"/w) bekommt ein **-i** angehängt (nur nach **d** oder **t** folgt -**schi**), die Mehrzahlendung lautet -**u**. Da aber gerade die am häufigsten verwendeten Verben einen unregelmäßigen Stamm zur Bildung der Befehlsform verwenden und diese Regel somit nicht auf sie anwendbar ist, werden hier ein paar wichtige Imperativformen angegeben und zwar immer zuerst die beiden „du“-Formen (m + w), dann die Mehrzahlform:

„suchen“	„sagen“/„machen“
fällĭg! (such! m)	**bäl!**
fällĭgi! (such! w)	**bäi!**
fällĭgu! (sucht!/suchen Sie!)	**bälu!**
„bringen“	„geben“
amt'a!	**sĭt!**
amt'schi!	**sĭtschi!**
amt'u!	**sĭtu!**
„gehen“	„kommen“
hĭd!	**na!**
hĭdschi!	**näi!**
hĭdu!	**nu!**
„warten“	„bleiben“
t'äbbĭk'!	**k'oyy!**
t'äbbĭk'i!	**k'oyisch!**
t'äbbĭk'u!	**k'oyyu!**
„rausgehen“	„reinkommen“
wĭt'a!	**gĭba!**
wĭt'schi!	**gĭbi!**
wĭt'u!	**gĭbu!**

Modalverben – Der einfache Weg

Wem dies alles zu kompliziert ist, der kann auf die Modalverben „wollen“ und „können“ ausweichen und damit die schwierige Bildung der verschiedenen Verbformen umgehen. Man nimmt dazu einfach die Grundform eines Tätigkeitswortes aus der Wörterliste und setzt die entsprechende Form eines der beiden Modalverben dahinter. So kann man anstatt „ich kaufe“, „ich esse“, „ich gebe“ ebensogut „ich will kaufen/essen/geben“ sagen, wobei im Amharischen wie gesagt zuerst die Grundform (kaufen) und dann das Modalverb (ich will) steht.

mäfälläg	**(wollen)**

Gegenwart

EZ	
ïfällïgallähu	ich will
tïfällïgalläh	du (m) willst
tïfällïgiyalläsch	du (w) willst
yïfällïgall	er/es will
tïfällïgallättsch	sie will
MZ	
ïnfällïgallän	wir wollen
tïfällïgallattschïhu	ihr wollt
yïfällïgallu	sie/Sie wollen

Vergangenheit

EZ	
fälläghu	ich wollte
fällägh	du (m) wolltest
fällägsch	du (w) wolltest
fällägä	er/es wollte
fällägättsch	sie wollte
MZ	
fällägn	wir wollten
fällägattschĭhu	ihr wolltet
fällägu	sie/Sie wollten

mägzat ĭfällĭgallähu
kaufen (ich-)will-bin
ich will kaufen

mägzat fälläghu
kaufen (ich-)wollte
ich wollte kaufen

(kek) mäblat yĭfällĭgall
(Kuchen) essen (er-)will-ist
er will (Kuchen) essen

(kek) mäblat fällägä
(Kuchen) essen (er-)wollte
er wollte (Kuchen) essen

mätschal	(können)

Gegenwart

EZ	
ïtschïlallähu	ich kann
tïtschïlalläh	du (m) kannst
tïtschïyalläsch	du (w) kannst
yïtschïlall	er/es kann
tïtschïlallättsch	sie kann
MZ	
ïntschïlallän	wir können
tïtschïlallattschïhu	ihr könnt
yïtschïlallu	sie/Sie können

Vergangenheit

EZ	
tschalku	ich konnte
tschalk	du (m) konntest
tschalsch	du (w) konntest
tschalä	er/es konnte
tschalättsch	sie konnte
MZ	
tschalïn	wir konnten
tschalattschïhu	ihr konntet
tschalu	sie/Sie konnten

Satzergänzungen

Im Amharischen gibt es keine Fälle wie im Deutschen. Hauptwörter verändern sich deshalb auch nicht, wenn sie statt als Satzaussage (Subjekt) als Satzergänzung (Objekt) verwendet werden:

set ïyallähu
Frau (ich-)sehe-bin
Ich sehe die Frau.

schay yït'ät'all
Tee (er-)trinkt-ist
Er trinkt den Tee.

Will man das Hauptwort durch ein Fürwort ersetzen („Ich sehe die Frau." „Ich sehe sie."), hängt man einfach die Nachsilbe **-n** an das entsprechende persönliche Fürwort an:

EZ	
ïne (ich)	**ïnen** (mich/mir)
antä (du/m)	**antän** (dich/dir) (m)
antschi (du/w)	**antschin** (dich/dir) (w)
ïssu (er/es)	**ïssun** (ihn,es/ihm)
ïsswa (sie)	**ïsswan** (sie/ihr)
ïrswo (Sie)	**ïrswon** (Sie/Ihnen)
MZ	
ïña (wir)	**ïñan** (uns)
ïnnantä (ihr)	**ïnnantän** (euch)
ïnnässu (sie/Sie)	**ïnnässun** (sie,Sie/Ihnen)

ïsswan ïyallähu
sie (ich-)sehe-bin
Ich sehe sie.

ïssun yït'ät'all
ihn (er-)trinkt-ist
Er trinkt ihn.

ïrswon awk'allähu
Sie (ich-)kenne-bin
Ich kenne Sie.

ïnnantän awk'allän
euch (wir-)kennen-sind
Wir kennen euch.

Sollte der Satz zwei Ergänzungen haben („Ich zeige meiner Frau das Haus.“), spricht man von einer direkten Satzergänzung („das Haus“) und einer indirekten („meiner Frau“), die im Amharischen zuerst steht. Bei der indirekten Satzergänzung wird die Präposition **lä-** (für) als Vorsilbe vor das entsprechende Hauptwort oder Fürwort bzw. den Namen gestellt:

lämiste bet asayyallähu
für-Ehefrau-mein Haus (ich-)zeige-bin
Ich zeige meiner Frau das Haus.

läPeter dabbo ïnsät'allän
für-Peter Brot (wir-)geben-sind
Wir geben Peter das Brot.

Fragen

Man unterscheidet zwischen Entscheidungsfragen und Ergänzungsfragen.

Entscheidungsfragen

Entscheidungsfragen sind Fragen, bei denen man eine Antwort mit **awo** (ja) oder **ay** (nein) erwartet, deshalb auch „Ja/Nein-Fragen" genannt. Außer der Stimmhöhe, die, wie auch im Deutschen, am Ende eines Satzes etwas angehoben wird, ändert sich im Vergleich zum Aussagesatz gar nichts. Der Satzbau bleibt unverändert.

yïh awtobïs wädä [...] yïhedall?
dieser Bus nach ... (er-)geht-ist
Fährt dieser Bus nach ...?

yïh awtobïs wädä [...] yïhedall!
dieser Bus nach ... (er-)geht-ist
Dieser Bus fährt nach ...!

hullum dähna nattschäw?
ganz gut (sie-)sind
Geht es allen gut?

hullum dähna nattschäw
ganz gut (sie-)sind
Es geht allen gut.

Achtung: Eine Eigenart, die anfangs etwas verwirrend sein kann, ist die positive Antwort auf eine zutreffende negative Frage:

bäwïnät bota yälläm?
in-Wahrheit Platz ist-nicht
Gibt es wirklich keinen Platz mehr?

Auf diese Frage kann man die Antwort **awo!** „ja!“ erhalten. Das heißt dann: Es gibt keinen Platz! – Ein anderes Beispiel:

säw almätt'am?
Person nicht-kam
Ist niemand gekommen?

awo!
ja
Nein!

Ergänzungsfragen

Ergänzungsfragen werden mit Fragewörtern gebildet, die immer am Satzanfang stehen.

man?	wer?
mïn?	was?
ïndet?	wie?
lämïn?	warum?
yet?/käyet?/wädet?	wo?/woher?/wohin?
sint?	wie viel?
mätsche?	wann?

man näw?
wer ist
Wer ist das?

yet tïnoriyalläsch?
wo (du/w-)lebst-bist
Wo wohnst du (w)?

lämïn wädä […] athedïm?
für-was nach … nicht-(du-)gehst
Warum fährst du nicht nach …?

ïndet yïsärall?
wie (es-)arbeitet-ist
Wie geht das?

Verhältniswörter

Es gibt im Amharischen einfache und zusammengesetzte Verhältniswörter. Einige der einfachen Verhältniswörter werden vor das Wort gesetzt, auf das sie sich beziehen:

bä-	mit (Hilfe von), durch
ï-	in
kä-	von (her), aus
lä-	für
wädä-	zu, nach (Richtung)

bämäkina yïmät'all
mit-Auto (er-)kommt-ist
Er kommt mit dem Auto.

ïbet allä
in-Haus (er-)ist
Er ist im Haus.

käBahïr Dar yïmät'all
von-Bahïr Dar (er-)kommt-ist
Er kommt von Bahïr Dar.

wädäbet tämällässä
nach-Haus (er-)umkehrte
Er kehrte nach Hause zurück.

Andere Verhältniswörter werden immer nachgestellt. Sie stehen also hinter dem Wort, auf das sie sich beziehen:

lay	auf, über
wïst'	in, drinnen
wïttsch'	außerhalb, draußen

mängäd lay
auf der Straße

borsa wïst'
in der Tasche

Die dritte Gruppe sind die zusammengesetzten Verhältniswörter, die einen Rahmen bilden: Vorn steht eine Vorsilbe (wie 1. Gruppe) und nach der betreffenden Wendung folgt ein weiteres Wort. Weil die Vorsilben den Sinn kaum beeinträchtigen, kann man immerzu die gleiche verwenden (z. B. **kä-** oder auch **ï-**):

kä- ... dschämmïro	von-anfangend
kä- ... bälay	über
kä- ... sïr	unter
kä- ... gar	mit (jemanden)
kä- ... fit	vor (örtlich)
kä- ... bäfit	vor (zeitlich)
kä- ... dschärba	hinter (örtlich)
kä- ... bäwhala	nach (zeitlich)

käbet fit
vor dem Haus

käbet dschärba
hinter dem Haus

Bindewörter

Wo zwei Satzteile aufeinander folgen, kann ein Bindewort die Beziehung herstellen, wie z. B. „und“ (A und B). Anders als im Deutschen wird „und“ jedoch an den ersten Teil direkt angehängt (A und B). Die übrigen Bindewörter stehen aber - wie im Deutschen - zwischen den beiden zu verbindenden Satzteilen.

und

-nna/-ïnna (Endet das erste Hauptwort auf einem Vokal, steht **-nna**, endet es auf Konsonant, nimmt man **-ïnna**.)

mäkina<u>nna</u> bet
Auto und Haus

bet<u>ïnna</u> mäkina
Haus und Auto

yässwa betïnna yäne bet
von-sie Haus-und von-ich Haus
ihr Haus und mein Haus

schayïnna bunna yälläm
Tee-und Kaffee nicht-ist
Tee und Kaffee gibt's nicht.

© Jörg Volkmann@Fotolia.com

oder

wäyïm (im Aussagesatz)/
wäyïss (im Fragesatz)

bunna wäyïss schay?
Kaffee oder Tee
Kaffee oder Tee?

zare wäyïm nägä ïhedallähu
heute oder morgen (ich-)gehe-bin
Heute oder morgen gehe ich.

aber/nur, jedoch

gïn (aber)/
bïttscha (nur, jedoch)

t'ïru näw gïn/bïttscha ïne alfällïgïm
gut (es-)ist aber/nur ich nicht-will
Es ist schön, aber ich will nicht.

Zahlen & Zählen

Das Zahlensystem ist ähnlich wie im Deutschen aufgebaut. Das Lernen beschränkt sich hier auf die Zahlen 0-9, auf die Zehner und auf die Ausdrücke für Hundert und Tausend.

Grundzahlen

0	**bado/zero**	6	**sïddïst**
1	**and**	7	**säbatt**
2	**hulätt**	8	**sïmmïnt**
3	**sost**	9	**zät'äñ**
4	**aratt**	10	**assïr**
5	**ammïst**		

Die Zahlen 11-19 werden gebildet, indem an ein verkürztes **assïr**, nämlich **asra** (eigentlich **assïrïnna** „zehn-und") die Einer angehängt werden.

11	**asraand**	30	**sälasa**
12	**asrahulätt**	40	**arba**
13	**asrasost**	50	**hamsa**
	usw.	60	**sïlsa**
20	**haya**	70	**säba**
21	**hayaand**	80	**sämaña**
22	**hayahulätt**	90	**zät'äna**
	usw.	100	**mäto/and mäto**

135	**mäto sälasaammïst**
200	**hulätt mäto**
300	**sost mäto**
1000	**schi/and schi**
2000	**hulätt schi**
3000	**sost schi**
10.000	**assïr schi**
20.000	**haya schi**
100.000	**mäto schi**
210.000	**hulätt mäto assïr schï**
1.000.000	**and mïllyon**

Ordnungszahlen

Die Ordnungszahlen werden mit Hilfe der Endung **-äña** gebildet, die an die jeweilige Zahl angehängt wird:

andäña	erste(r, -s, -ns)
hulättäña	zweite(r, -s, -ns)
sostäña	dritte(r, -s, -ns)
arattäña	vierte(r, -s, -ns) usw.

Die Bruchzahlen werden aus der Kombination von „normalen" Zahlen (für den „Zähler") und Ordnungszahlen (für den „Nenner") gebildet.

Bruchzahlen

and hulättäña	1/2
and sostäña	1/3
hulätt sostäña	2/3
and arattäña	1/4
sost arattäña	3/4
and assïräña	1/10

Uhr- & Tageszeit

Etwas gewöhnungsbedürftig ist die Zeitangabe. Haben Sie eine Verabredung um äthiopisch „6 Uhr", dann ist damit europäisch 12 Uhr gemeint. Wenn ein Termin tatsächlich auf „12 Uhr" angesetzt ist, dann müssen Sie unbedingt klären, ob Sie es mit einem Frühaufsteher zu tun haben oder ob die Zeit kurz vor Sonnenuntergang gemeint ist. Um sich an diese „morgenländische" Zeitrechnung zu gewöhnen, stellt man sich am einfachsten den europäischen Stundenzeiger verlängert vor – in die Gegenrichtung!

sĭnt sä'at näw?
wie-viel Uhr ist
Wie spät ist es?

hulätt sä'at kassĭr dek'ĭk'a näw
zwei Uhr von-zehn Minuten ist
Es ist zwei Uhr und 10 Minuten.

Eine häufig zu hörende Kurzform:

aratt kähaya
vier von-zwanzig
4 Uhr 20
(für uns: 10 Uhr 20)

sä'at yälläm
Uhr nicht-ist
Ich habe keine Uhr.

Kalender

„13 Monate Sonnenschein" lautet ein Werbespruch des nationalen Reiseveranstalters. Dieser Werbegag basiert auf der Zeitrechnung in Äthiopien, die immer noch nach dem Julianischen Kalender bestimmt wird.

Auch nach diesem Kalender hat das Jahr 365 Tage, es beginnt jedoch normalerweise am 11. September, und man verteilt hier konsequent 30 Tage auf die Monate. Die restlichen fünf Tage (sechs im Schaltjahr) ergeben den 13. Monat. Der Julianische Kalender beginnt seine Zeitrechnung 8 vor Christus, aber man ist es in Äthiopien gewohnt, dass Gäste aus dem Ausland mit einem anderen Datum leben. Die „äthiopischen" Monate haben einen eigenen Namen, spricht man von „unserem" Kalender werden die englischen Monatsnamen verwendet.

sammïnt/k'än/	Woche/Tag/
sä'at/dek'ïk'a	Stunde/Minute

säño	Montag
maksäño	Dienstag
rob	Mittwoch
hamus	Donnerstag
arb	Freitag
k'ïdame	Samstag
ïhud	Sonntag

zare/nägä/känägä wädïya
-/-/von-morgen jenseits
heute/morgen/übermorgen

tïnant/kätïnant wädïya
-/von-gestern jenseits
gestern/vorgestern

bämmik'ät'ïläw k'än
an-der-der-folgt Tag
am nächsten Tag

band sammïnt wïst'
in-eine Woche drinnen
innerhalb einer Woche

wärottsch	Monate
mäskäräm	der 1. Monat des Äthiopischen Kalenders: beginnt nach unserem Kalender am 11. September und endet am 10. Oktober
t'ïk'ïmt'	11.10. - 09.11.
hïdar	10.11. - 09.12.
tahïsas	10.12. - 08.01.
t'ïrr	09.01. - 07.02.
yäkatit	08.02. - 09.03.
mäggabit	10.03. - 08.04.
miyazïya	09.04. - 08.05.
gïmbot	09.05. - 07.06.
säne	08.06. - 07.07.
hamle	08.07. - 06.08.
nähase	07.08. - 05.09.
p'agume	06.09. - 10.09.

-11.09. Schaltjahr!

balläfäw sammïnt
in-vergangen Woche
vergangene/letzte Woche

bämmik'ät'ïläw sammïnt
in-die-die-folgt Woche
in der kommenden Woche

käsost k'än bäfit/käsost k'än bähwala
von-drei Tag vor/von-drei Tag nach
vor drei Tagen/in drei Tagen

k'än gize/lelit gize
Tag Zeit/Nacht Zeit
tagsüber/nachts

t'wat gize/mata gize
Morgen Zeit/Abend Zeit
morgens/abends

käsä'at bäfit/käsä'at bähwala
von-Zeit vor/von-Zeit nach
vormittags/nachmittags

bäyyäk'änu
auf-immer-Tag
täglich

„Immer" kann man auch mit der Verdoppelung des Wortes ausdrücken:

k'än k'än
Tag Tag
jeden Tag/täglich

rob rob
Mittwoch Mittwoch
jeden Mittwoch/mittwochs

January and/February hulätt/March sost
der erste Januar/der zweite Februar/der dritte März

bämäskäräm and
bei-mäskäräm eins
am 1. Mäskäräm

= am 11. September/ Jahresbeginn

mätsche näw yämätt'ut/yämätt'ah/yämätt'asch?
wann ist welch-(Sie-)kommen/welch-(du/m-) kommst/welch-(du/w-)kommst
Wann sind Sie/bist du (m)/bist du (w) eingereist?

mïn yahïl gize k'oytäwall/k'oytähall/k'oytäschall?
was ungefähr Zeit (Sie-)dauern-sind/(du/m-) dauerst-bist /(du/w-)dauerst-bist
Wie lange sind Sie/bist du (m)/bist du (w) hier?

yïhe hulättäña wär näw
dies zweiter Monat ist
Schon den zweiten Monat.

k'ïrb gize ïggwazallähu
nahe Zeit (ich-)reise-bin
Bald reise ich ab.

känägä wädïya tïggwazalläh/tïggwaziyalläsch?
von-morgen darüber (du/m-)reist-bist/(du/w-) reist-bist
Übermorgen reist Du (m/w) ab?

awo, kähulätt k'än bähwala/bäïhud/bäsäño ïhedallähu
ja von-zwei Tag bei-danach/bei-Sonntag/bei-Montag (ich-)gehe-bin
Ja, in zwei Tagen/am Sonntag/am Montag gehe ich.

Kurz-Knigge

Jeder Fremde, der ein Land besucht, genießt anfangs eine gewisse Narrenfreiheit, und ihm wird vieles verziehen in dem Bewusstsein, dass jedes Land seine eigenen Sitten und Bräuche hat. Wer Interesse an den Menschen zeigt, wird sehr schnell merken, was angebracht ist und was nicht. Ein äthiopisches Sprichwort sagt:

angät yätäsärraw
Hals von-gemacht
Wofür ist der Hals da?

zuro lämayät näw
drehen für-sehen (er-)ist!
Damit wir uns umsehen!

Kleidung

Zu festlichen Anlässen sollte man nicht in offensichtlicher Alltagskleidung erscheinen, das ist respektlos, wenn zum gleichen Anlass Äthiopier sich in Schale schmeißen. Generell wird in Äthiopien verhältnismäßig mehr Geld für Kleidung ausgegegen als z. B. in Europa. Frauen sollten auf Miniröcke oder ärmellose Blusen verzichten. Wer es sich leisten kann, achtet auf sauberes Schuhwerk. In den großen Städten herrscht an verschiedenen Ecken der Konkurrenzkampf der „shoeshine-boys“ (**listro**), die sich über einen Auftrag freuen.

Grüßen

Zur Begrüßung gibt man sich die rechte Hand. Bei alten Leuten oder Respektspersonen unterstützt die linke Hand den rechten Arm beim Händedruck. Seien Sie höflich zu alten Leuten; ihnen wird (nicht nur) in Äthiopien großer Respekt entgegengebracht. Verwenden Sie bei der Anrede älterer Männer, deren Namen Sie nicht kennen, das Wort **gasche**, bei Frauen **imamma**. Die gewöhnliche Anrede ist **ato** für Männer, **woizero** für Frauen und **woizerit** für jüngere oder unverheiratete Frauen. Grüßen Sie lieber einmal zu viel als einmal zu wenig – das gilt allerdings nicht für Kinder und Jugendliche.

Freundlichkeit

Bleiben Sie in schwierigen Situationen freundlich aber bestimmt. Wenn Sie sich aufregen, machen Sie sich nur lächerlich und erreichen nichts. Verwenden Sie keine beleidigenden Schimpfworte. Sie werden sonst ernste Schwierigkeiten bekommen:

käaf yäwätt'a k'al,
von-Mund von-herausging Wort
Ein Wort, dem Mund entwischt,

käiddsch yäwäddäk'ä ink'ulal.
von-Hand von-fiel Ei
ist wie ein Ei, der Hand entfallen.

Auf Ämtern

Auf Ämtern, Behörden, Polizei nützt es nichts, sich aufzuregen – zumal die Beamten in Äthiopien vergleichsweise sehr effektiv arbeiten. Bedenken Sie bei Wartezeiten, dass die Beamten in Addis Abeba eine Menge Arbeit haben, da Addis Abeba der zentrale Dreh- und Angelpunkt des Landes ist.

Höflichkeit

Bei einer Einladung sollten Sie Essen oder Trinken nicht ablehnen. Es reicht, wenn Sie ein wenig probieren. Versuchen Sie nicht, den Teller leer zu essen, denn das bedeutet dem Gastgeber, dass Sie noch nicht satt sind. Ihr Teller wird im Nu wieder gefüllt sein. Wenn Sie sich unwohl fühlen oder offensichtlich gerade gespeist haben, ist eine Ablehnung durchaus akzeptabel. Der Gastgeber wird trotzdem – die Höflichkeit gebietet es – noch mehrmals versuchen, Ihnen etwas anzubieten. Wenn Sie Ihrerseits jemandem etwas anbieten, geben Sie sich nicht mit dem ersten „nein" zufrieden. Die anfängliche Ablehnung ist ein Teil des Höflichkeitskodex. Bieten Sie mehrmals die Möglichkeit zu einer Einwilligung.

Die linke Hand

Die linke Hand gilt als unrein und wird weder zum Essen noch zur Begrüßung benutzt. Eine volkstümliche Erklärung dafür bietet Eva, die den „Apfel der Weisheit" mit der linken Hand gepflückt haben soll.

Kirche

Die orthodoxe Kirche hat immer eine wichtige Rolle in der Geschichte Äthiopiens gespielt. Sie war der größte Landbesitzer, bestimmte die Thronfolge entscheidend mit und war ein wichtiger Faktor für die Integration des Landes. Die Kirche spielt auch im gesellschaftlichen Alltag eine große Rolle. Die wichtigsten Feiertage sind kirchlich, die entscheidenden Familienereignisse wie Hochzeit, Taufe oder Begräbniszeremonien sind eng mit der Kirche verknüpft.

Viele der Kirchen des Landes sind sehenswert. Die aus Fels gehauenen Kirchen von Lalibela sind zu Weltkulturdenkmälern erklärt worden und eine der Hauptanziehungspunkte für Touristen. Im Allgemeinen kann man die Kirchen auch als nicht orthodoxer Christ (ohne Schuhe!) betreten.

Genussmittel

Genussmittel: Alkohol wird in fast allen Restaurants und Kneipen ausgeschenkt, und sein Genuss gilt nicht, wie in überwiegend islamischen Staaten, als verwerflich. In Äthiopien gibt es mehrere Brauereien und einen Weinanbau, der einige international preisgekrönte Weine hervorbringt. Zu verschiedenen Zeiten in der äthiopischen Geschichte war der Genuss von Tabak verboten. Auch heute ist in einigen Teilen Äthiopiens das Rauchen verpönt. Frauen, die in der Öffentlichkeit rauchen, werden mit Prostitution assoziiert.

Anders bei den äthiopischen Moslems: sie haben nichts gegen das Rauchen. Ein weiteres Genussmittel ist **tsch'at**, das hauptsächlich von Muslimen gekaut wird, die es wegen seiner aufputschenden Wirkung schätzen. In der Öffentlichkeit wird es allerdings nicht gern gesehen.

Alleinreisende Frauen

In Äthiopien stellt es kein Problem dar, als Frau alleine auf Tour zu gehen. Wenn Sie

Fragen haben oder irgendwelche Probleme auftauchen, wenden Sie sich an mitreisende oder umstehende Frauen. Spricht man ein Ehepaar an, empfiehlt es sich für eine Frau, die Frau anzusprechen. Ebenso sollte ein Mann einen Ehemann nicht „übergehen", indem er sich in dessen Anwesenheit erst an dessen Ehefrau wendet.

Trinkgeld

Trinkgeld für einen guten Service ist immer angebracht und wird gerne angenommen. Es gibt keine Faustregel über die Höhe des Trinkgeldes, auch irgendwelche Prozentzahlen helfen nicht. Trinkgeld sollte nicht als eine Verpflichtung gegenüber einer bestimmten Berufsgruppe betrachtet werden, sondern als eine freundliche Geste zwischen zwei Personen.

Körpersprache

In Äthiopien gibt man sich zur Begrüßung die Hand und deutet gleichzeitig eine Verbeugung an. Diese kurze Verbeugung ist Ausdruck von Respekt, den man jemandem entgegenbringt, ohne viele Worte zu machen. So verneigen sich auch Gläubige vor Kirchen, wenn sie im Vorbeigehen kurz innehalten und sich bekreuzigen. Wenn Sie von einem Bettler allzu eindringlich um ein wenig Kleingeld gebeten werden, können Sie mit einer kurzen Verbeugung oder einem knappen Kopfsenken deutlich machen, dass Sie das Anliegen registriert haben, aber im Moment nicht darauf eingehen können oder wollen.

Ein Ausdruck tiefsten Respekts und unterwürfiger Dankbarkeit ist das Küssen der Füße. Diese Geste mag etwas befremden – und es fällt schwer, angemessen darauf zu reagieren, allerdings ist sie nicht mehr so häufig zu beobachten wie früher.

Viele Gesten und Handzeichen sind auch uns geläufig: Der erhobene Zeigefinger, der, um ein „nein" anzudeuten, hin und her bewegt wird, das Heranwinken einer Person, oder auch die gehobene, geöffnete Handfläche für „warte", sind auch bei uns Teil der non-verbalen Verständigung.

Begrüßen

Mit einem kurzen „Hallo" oder einem „Guten Tag" ist es bei einer Begrüßung nur selten getan. Vielmehr werden mehrere Begrüßungsformeln ausgetauscht. Es kann bei der Begrüßung bleiben, aber sie kann auch ein Gespräch einleiten, in dessen Verlauf die Begrüßungsformeln wieder aufgenommen werden können. Die Fragen nach dem Befinden und der Gesundheit, werden grundsätzlich positiv beantwortet, auch wenn das nicht der Wirklichkeit entspricht. Wenn Sie auf jemanden treffen, der Englisch mit Ihnen sprechen will, können Sie die Formeln abgewandelt in diese Sprache übertragen.

Grußformeln

t'ena yïst'ïllïñ.
Gesundheit geben-mir
Guten Tag. [Gruß]

t'ena yïst'ïllïñ.
Gesundheit geben-mir
Guten Tag. [Antwort]

ïndämïn not?
wie (Sie-)sind
Wie geht es Ihnen? [Gruß]

ïndämïn näh/näsch?
wie (du/m-)bist/(du/w-)bist
Wie geht es dir (m/w)?

dähna näñ
gut (ich-)bin
Mir geht es gut. [Antwort]

dähna not/näh/näsch?
gut (Sie-)sind/(du/m-)bist/(du/w-)bist
Geht es Ihnen/dir (m/w) gut?

ïne dähna näñ/ïña dähna nän
ich gut (ich-)bin/wir gut (wir-)sind
Mir/uns geht es gut.

Sind einige dieser Grüße gewechselt worden, kann man sich nach der Familie erkundigen:

yäinnantä betäsäb dähna nattschäw?
von-euch Familie gut (sie-)sind
Geht es eurer Familie gut?

yantä mist dähna nättsch?
von-dir Ehefrau gut (sie-)ist
Wie geht es deiner Frau?

yantschi bal dähna näw?
von-dir Besitzer gut (er-)ist
Wie geht es deinem Mann?

lïdschottsch ïndet nattschäw?
Kinder wie (sie-)sind
Wie geht es den Kindern?

hullum dähna nattschäw
ganz gut (sie-)sind
Allen geht es gut.

Begrüßen

Einen alten Freund kann man folgendermaßen begrüßen:

indämin sänäbbätih/sänäbbätisch?
wie (du/m-)verbrachtest/(du/w-)verbrachtest
Wie hast du (m/w) die Zeit verbracht?

yet t'äffah/t'äffasch?
wo (du/m-)fehltest/(du/w-)fehltest
Wo hast du (m/w) bloß gesteckt?

allähu!
(ich-)bin
Ich bin (doch) hier.

indet alayyähuhim?
wie nicht-(ich-)sah-dich
Wieso hab ich dich nicht gesehen?

Wenn jemand verreist war:

inkwan dähna mätt'attschihu/mätt'u/-mätt'ah/ mätt'asch
willkommen gut (ihr-)kommt/(Sie-)kommen/(du/m-)kommst /(du/w-)kommst
Willkommen! ihr/du (m/w)

guzo indet näbbär?
Reise wie war
Wie war die Reise?

min addis nägär allä?
was neu Angelegenheit ist
Was gibt es Neues?

Grüße zum Abschied

dähna hun/huñi/hunu!
gut (du/m-)werde/(du/w-)werde/(Sie-)werden
Auf Wiedersehen! du (m/w)/Sie

dähna wal/way/walu!
gut (du/m-)verbleib/(du/w-)verbleib/(Sie-)verbleiben
Auf Wiedersehen! du (m/w)/Sie

mälkam guzo!
gut Reise
Gute Reise!

dähna ïdär/ïdäri/ïdäru!
gut (du/m-)schlafe/(du/w-)schlafe/(Sie-)schlafen
Gute Nacht! du (m/w)/Sie

Wenn man sich von Bekannten oder Gleichaltrigen verabschiedet, kann man auch das italienische **ciao** verwenden.

Danken & Bitten

Ein „danke“ kann man im Alltag in etwa ebenso verwenden wie im Deutschen, auch wenn das Danken und Bitten nicht so häufig und floskelhaft wie z. B. in Deutschland angewendet wird. Höflichkeit definiert sich hier nicht über das Aussprechen von „danke“ und „bitte“. Das Wort für „bitte“ wird sehr selten und in nur dringenden Fällen, oder wenn etwas mit Nachdruck gefordert wird, benutzt.

bät'am amäsäggïnallähu
sehr danken-(ich-)bin
Vielen Dank.

(bät'am) ïgzer yïst'ïllïñ
(sehr) Gott geben-mir
Danke./Ich danke Ihnen (sehr).

(läzzih) bät'am amäsäggïnallähu
(für-hier) sehr danken-(ich-)bin
Vielen Dank (dafür).

ay, ayasfällïgïm
nein, nicht-nötig-ist
Nein, es ist nicht nötig.

mïnïm aydälläm!
nichts ist-nicht
Gern geschehen!/Keine Ursache!

Wenn Sie jemanden im Vorübergehen um eine kurze Auskunft bitten, können Sie die Bitte so einleiten:

ïbakkïwo/ïbakkïh/ïbakkïsch
bitte-Sie/bitte-dich (m)/bitte-dich (w)
Bitte! [du (m/w)/Sie]

ïbakkïwo yïrduñ/ïbakkïh ïrdañ/ïbakkïsch ïrdischïñ!
bitte-Sie helfen-(Sie-)mir/bitte-dich (m)/bitte-dich (w) hilf-mir
Bitte, können Sie/ kannst du (m/w) mir helfen!

Segnen

Besonders in christlichen Gebieten auf dem Land spielt der Segen von älteren Leuten eine große Rolle und gehört zum Alltag. Hier zwei häufig zu hörende Danksagungen:

ïgzer yïst'ïwo/yïst'ïh/yïst'ïsch
Gott geben-Ihnen/geben-dir (m)/geben-dir (w)
Möge Gott es Ihnen/dir (m/w) geben!

ïgzer yïmarïh/yïmarïsch/yïmarïwo
Gott erbarmen-dir (m)/erbarmen-dir (w)/ erbarmen-Ihnen
Möge Gott (bei Krankheit) helfen!

Wünschen & Wollen

mïn tïfällïgalläh/tïfällïgiyalläsch/yïfällïgallu?
was (du/m-)willst-bist/(du/w-)willst-bist/(Sie-)wollen-sind
Was möchtest du (m/w)/möchten Sie?

[...] ïfällïgallähu
[...] ich-wollen-bin
Ich möchte [...]

and nägär mägzat ïfällïgallähu
eine Sache kaufen (ich-)will-bin
Ich möchte etwas kaufen.

Sich entschuldigen

Das Wort **yïk'ïrta** wird ähnlich wie das deutsche Wort „Entschuldigung" verwendet; es wird auch benutzt, um jemandes Aufmerksamkeit auf sich zu lenken – ähnlich wie „hallo!"

yïk'ïrta *Verzeihung* Entschuldigung!	**ïbakkïwo yïk'ïrta** *bitte-Sie Verzeihung* Entschuldigen Sie bitte!
gïdd yälläm *Verpflichtung nicht-ist* Das macht nichts.	**mïnïm aydälläm** *nichts nicht-ist* Das ist doch nichts.

Zu Gast sein

Sicherlich werden Sie in den Genuss einer Einladung kommen. Sollten Sie ausdrücklich zum Essen eingeladen worden sein, dann bringen Sie Hunger mit, denn es wird aufgefahren. Es wird dafür gesorgt, dass Sie nicht eher aufhören zu essen, bis Sie mehr als satt sind.

Von besonders höflichen Gastgebern werden Sie einen traditionellen **gurscha** erhalten. Der Gastgeber wird Ihnen eigenhändig einige ausgesuchte Leckerbissen in den Mund stecken. Hier können Sie kaum ablehnen! Bei jedem Besuch, ob angemeldet oder nicht, wird immer etwas zu trinken angeboten. Oft sind die Gastgeber glücklich, wenn Sie eine Einladung zum Essen annehmen. Natürlich können Sie ablehnen, aber Ihr Gastgeber wird versuchen, Sie umzustimmen.

gïba!/gïbi!
eintritt (m)/(w)
Komm (m/w) herein!

ïschschi, t'ïru
OK, gut
Also, gut!

tadïyass?
dann
Nun, was gibt's?

ïndet näw?
wie ist
Wie ist es denn so?

ay, gize yälläñïm
nein, Zeit nicht-ist-mir
Nein, ich habe keine Zeit.

mätsche yït'äyyïk'uñall/tït'äyyïk'äñalläh/tït'äyyïk'ïñalläsch?
wann (Sie-)besuchen-mich-sind/(du/m-)besuchst-mich-bist/(du/w-) besuchst-mich-bist
Wann kommen Sie/kommst du (m/w) mich besuchen?

nägä na/nu/nai!
morgen komm (m)/komm (w)/kommen(-Sie)
Komm (m/w)/kommen Sie doch morgen!

nägä ayschschalïm?
morgen nicht-besser-ist
Warum nicht lieber morgen?

Da die äthiopischen Nationalgerichte mit der (rechten) Hand gegessen werden und traditionellerweise Gastgeber und Gäste gemeinsam von derselben Platte essen, gilt es als sehr unfein, während des Essens die Haare – zu welchem Zweck auch immer – mit der Hand anzufassen. Im Übrigen ist das „Haare-Raufen" ein Ausdruck der Trauer – bei einem gemeinsamen Essen aber soll gefeiert und nicht getrauert werden.

nägä bïmät'a däss yïläñall
morgen wenn-kommen glücklich (es-)sagt-mir-ist
Morgen komme ich gerne.

	bäsïnt sä'at?	**bäsïddïst sä'at**
äthiopische	*bei-wie-viel Uhr*	*bei-sechs Uhr*
Zählung: 6 Uhr	Um wieviel Uhr?	Um 12 Uhr

Die Uhrzeit ist eher eine zeitliche Orientierungshilfe als ein exakter Termin. Von „Westlern" weiß man allerdings, dass sie sich an Uhrzeiten halten, und man richtet sich danach – aber nur in etwa.

ïbakkïwo, yïkk'ämmät'u!
bitte-Sie sitzen(-Sie)
Bitte nehmen Sie Platz!

k'uttsch' bäl/k'uttsch' bäi!
sitzen sag (m)/sitzen sag (w)
Setz dich! (m/w)

mïn mät'ätt'at tïfällïgalläh/tïfällïgiyalläsch?
was trinken (du/m-)willst-bist/(du/w-)willst-bist
Was möchtest du (m/w) trinken?

wïha yïfällïgallu?
Wasser (Sie-)wollen-sind
Möchten Sie Wasser? = Haben Sie Durst?

awo, ïfällïgallähu
ja, (ich-)will-bin
ja, gern

t'älla wäyïss t'äddsch yït'ät'allu?
Bier oder Met (Sie-)trinken-sind
Trinken Sie Bier oder Met?

alkol alt'ätt'am
Alkohol nicht-(ich-)trinke
Nein, nichts Alkoholisches.

wïha tït'ät'alläh/tït'ätsch'alläsch?
Wasser (du/m-)trinkst-bist/(du/w-)trinkst-bist
Trinkst du (m/w) Wasser?

mïgïb mäblat yïfällïgallu?
Essen essen (Sie-)wollen-sind
Möchten Sie etwas essen?

ïgzer yïst'ïllïñ, mïnïm ayasfällïgïm
Gott geben-mir nichts nicht-nötig-ist
Vielen Dank, ich möchte nichts.

mälkam mïgïb/k'urs/mïsa/mäksäs
gut Essen/Frühstück/Mittagessen/Imbiss
Guten Appetit!

bïlu, t'ät'u!
essen(-Sie), trinken(-Sie)
Greifen Sie zu!

ayt'afät'ïm?
nicht-(es-)schmeckt
Schmeckt es nicht?

bät'am t'afatsch' näw
sehr süß ist
Es ist sehr schmackhaft.

bät'am yït'afät'all
sehr (es-)schmeckt-ist
Es schmeckt gut.

lela [...] yïfällïgallu?
anderes [...] (Sie-)wollen-sind
Möchten Sie noch etwas [...]?

ïbakkïwo, tïnnïsch dabbo alläwot?
bitte-Sie, wenig Brot (Sie-)haben
Haben Sie noch etwas Brot?

Unterhaltung nach dem Essen

yärswo lïdschottsch nattschäw?
von-Sie Kinder (sie-)sind
Sind das Ihre Kinder?

yärswo lïdsch näw/nättsch?
von-Sie Kind (er-)ist/(sie-)ist
Ist das Ihr Sohn/ Ihre Tochter?

yäne lïdsch näw/nättsch
von-mir Kind (er-)ist/(sie-)ist
Das ist mein(e) Sohn/ Tochter.

yäña lïdschottsch nattschäw
von-wir Kinder (sie-)sind
Das sind unsere Kinder.

sïnt amätu/amätwa näw?
wie-viel Jahr-sein/Jahr-ihr ist
Wie alt ist er/sie?

yäne abbat näw/ïnnat nättsch
von-ich Vater ist/Mutter ist
Das ist mein Vater/meine Mutter.

mïn aynät sïra alläwot/alläh/alläsch?
was Art Arbeit ist-Sie/ist-dir (m)/ist-dir (w)
Welchen Beruf haben Sie/hast du (m/w)?

yärswo baläbet ahun ïyyäsäru näw?
von-Sie Ehemann jetzt in-arbeiten ist
Ist Ihr Mann jetzt bei der Arbeit?

awo, gïn yïmät'all
ja, aber (er-)kommt-ist
Ja, aber er kommt gleich.

yärswo betäsäb yet yïnorallu?
von-Sie Familie wo (sie-)leben-sind
Wo lebt Ihre Familie/Eltern?

gät'är/käkätäma wïttsch' näw yämmïnorut
Land/von-Stadt außen ist welch-(sie-)leben
Sie leben auf dem Land/außerhalb der Stadt.

Zeit zum Heimgehen

mämt'ate däss bïloñall
kommen-mein glücklich essen-mir-ist
Ich bin gerne gekommen.

sïlä däggïnnätwo ïgzer yïst'ïllïñ!
für Freundlichkeit-Ihre Gott geben-mir
Vielen Dank für die Gastfreundschaft!

minïm aydälläm
nichts nicht-ist
Ach, das war doch gar nichts.

mätsche ïnnïggänañallän?
wann (wir-)treffen-sind
Wann treffen wir uns wieder?

nägä [...] ïnnïggänañallän
morgen [...] (wir-)sehen-sind
Morgen sehen wir uns wieder.

sä'at reffdoall
Uhr/Stunde spät-ist
Es ist schon spät.

ahun mähede näw
jetzt gehen-mein ist
Jetzt muss ich aber gehen.

ahun ïhedallähu
jetzt (ich-)gehe-bin
Jetzt gehe ich.

bälu, t'ena yïst'ïllïñ!
sagen(-Sie), Gesundheit geben-mir
Also, macht's gut!

Auf dem Land spielt sich das Familienleben in einer oder mehreren tukuls *(kreisförmige Häuser) ab. In der Stadt passt man sich dem „moderneren" Lebensstil an. Die Familien sind teilweise kleiner oder teilen sich auf verschiedene Haushalte auf.*

Verwandtschaft & Bekanntschaft

Die soziale Organisation weist zwischen den verschiedenen Volksgruppen Äthiopiens große Unterschiede auf. Dennoch kann man allgemein sagen, dass Abstammung und Verwandtschaft die Grundlage für die soziale Organisation der verschiedenen Volksgruppen ist. Kern der verwandtschaftlichen Strukturen ist die Familie bzw. die Großfamilie. Diese besteht selten aus weniger als zehn Mitgliedern und umfasst in der Regel drei Generationen. Die Abstammungs- und Erbfolgen der meisten Ethnien Äthiopiens sind patrilinear bestimmt, d. h. sie richten sich nach der Abstammungslinie des Vaters.

betäsäb	Familie	**ïndschära ïnnat** (*Brotmutter*)	Stiefmutter
ïnnat	Mutter	**ïndschära abbat** (*Brotvater*)	Stiefvater
abbat	Vater	**mist**	Ehefrau
set lïdsch	Tochter	**baläbet**	Ehemann
wänd lïdsch	Sohn	**yäwändimm mist**	Schwägerin
ïhït	Schwester	**yäïhït bal**	Schwager
wändimm	Bruder	**zämäd**	Verwandte(r)
akïst	Tante	**gwaddäña**	Freund(in)
agot	Onkel	**goräbet**	Nachbar
ayat	Großvater/-mutter		

Namen

Die Namen in Äthiopien lassen sich grob in drei Kategorien einteilen: in die typischen Namen der verschiedenen Volksgruppen Äthiopiens, in die Namen christlichen und moslemischen Ursprungs.

Kinder erhalten den Vornamen des Vaters als Nachnamen; ebenso hat der Vater den Vornamen seines Vaters zum Nachnamen.

Um jemanden anzusprechen, wird in jedem Fall der Vorname verwendet, auch im Zusammenhang mit der Anrede ato *oder* woizero *(Herr bzw. Frau).*

Das erste Gespräch

Während Ihres Aufenthaltes werden Ihnen von den verschiedensten Leuten immer wieder dieselben Fragen gestellt werden: „Wie heißen Sie?", „Woher kommen Sie?", „Was machen Sie?", „Was macht die Familie?". Der Vorteil: Sie werden bald imstande sein, auf diese Standardfragen eine Antwort zu geben – auf Amharisch. Mit ein paar Fotos in der Hand lässt sich vielleicht eine kleine Unterhaltung bestreiten.

ïnkwan dähna mätt'u!
willkommen gut (Sie-)kommen
Willkommen!

käyet näw yämätt'ut?
von-wo ist welch-(Sie-)kommen
Woher kommen Sie?

kädschärmän agär näw (yämätt'ahut)
von-deutsch Land ist (welch-(ich-)kam)
Aus Deutschland (bin ich gekommen).

sïmwo man näw?
Name-Ihr wer ist
Wie heißen Sie?

sïme Hans näw
Name-mein Hans ist
Ich heiße Hans.

agäbtäwall?
(Sie-)heiraten-sind
Sind Sie verheiratet?

awo, agäbïtschallähu
ja, (ich-)heirate-sie-bin
Ja, ich bin verheiratet.

ay, alagäbbahum
nein, nicht-(ich-)heiratete
Nein, ich bin nicht verheiratet.

lïdschottsch alläh/alläsch/alläwo?
Kinder sind-dir (m)/sind-dir (w)/sind-Ihnen
Hast du (m/w)/haben Sie Kinder?

awo, hulätt/sost lïdschottsch allañ
ja, zwei/drei Kinder sind-mir
Ja, ich habe zwei/drei Kinder.

foto alläwo?
Foto ist-Ihnen
Haben Sie ein Foto dabei?

yälläm
nicht-ist
Nein.

ïngïda/turist näwo?
Gast/Tourist (Sie-)sind
Sind Sie Tourist?

awo, ïngïda/turist näñ
ja, Gast/Tourist (ich-)bin
Ja, ich bin Tourist.

ay, aydällähum
nein, nicht-(ich-)bin
Nein, ich bin's nicht.

ay, ïzzih ïsärallähu
nein, hier (ich-)arbeite-bin
Nein, ich arbeite hier.

mïn yahïl gize tïk'oyyalläh/tïk'oyyalläsch/yïk'oyyallu?
was ungefähr Zeit (du/m-)/(du/w-)wartest-bist/ (Sie-)warten-sind
Wie lange bleibst du (m/w)?/Wie lange bleiben Sie?

mïn yahïl gize ïzzih tïnoralläh/tïnoriyalläsch/ yïnorallu?
was ungefähr Zeit hier (du/m-)/(du/w-)lebst-bist/ (Sie-)leben-sind
Wie lange bleibst du (m/w) hier?/Wie lange bleiben Sie hier?

yet näw yämmïttïnoräw/yämmïttïnoriw?
wo ist welch-(du/m-)lebst/welch-(du/w-)lebst
Wo wohnst du (m/w)?

yet näw yämmïttïnorut?
wo ist welch-(ihr-)lebt
Wo wohnt ihr?

yämmïnoräw K'era näw
welch-(ich-)lebe K'era ist
Ich wohne in K'era.

sïnt amätïh näw?
wie-viel Jahr-dein ist
Wie alt bist Du?

sälasa amäte näw
dreißig Jahr-mein ist
Ich bin dreißig Jahre alt.

yärswo muya mïndïnäw?
von-Sie Beruf was-ist
Was ist Ihr Beruf?

yäne muya [...] näw
von-ich Beruf [...] ist
Ich bin [...] von Beruf.

särratäña	Arbeiter	**madbet särratäña**	Koch
hakim, doktär	Arzt	**astämari**	Lehrer
gäbäre	Bauer	**mäkanik**	Mechaniker
lïk'ä mämbär	Distriktchef	**zäfañ**	Pop-Sänger
astärgwami	Dolmetscher	**k'es**	Priester
schofer	Fahrer	**s'ähafi**	Schreiber
näggade	Geschäftsmann	**tsch'amma säri**	Schuster
mähandis	Ingenieur	**tämari**	Student, Schüler
gazetäña	Journalist		

Floskeln & Redewendungen

Hier nun einige Floskeln und Redewendungen.

gasche!
Sie
Hallo!

abet?
jawoh
Ja? Hier bin ich!

and gize t'äbbïk'uñ!
ein Zeit warten(-Sie)-mir
Warten Sie einen Augenblick!

indäfällägïh/indäfällägïsch/indäfällägu
wie-(du/m-)willst/wie-(du/w-)willst/wie-(Sie-)wollen
Wie du (m/w) willst./Wie Sie wollen.

bäïne bäkkul ïschschi
bei-ich seitens OK
Von meiner Seite gibt es keinen Einwand.

ïndäzzih näw?
wie-hier ist
Ist das so?

mïndïn näw ïzzih/ïzziya?
was ist hier/dort
Was ist hier/dort los?

mïn tïfällïgalläh/tïfällïgiyalläsch/yïfällïgallu?
was (du/m-)willst-bist/(du/w-)willst-bist/(Sie-)wollen-sind
Was willst du (m/w)?/Was wollen Sie?

algäbbañïm
nicht-(es-)eintritt-mir
Ich verstehe nicht.

ïne alawk'ïm
ich nicht-(ich-)weiß
Ich weiß nicht.

lämïn?
für-was
Warum?

kïlkïl näw
verboten ist
Das ist verboten.

altschïlïm
nicht-(ich-)kann
Ich kann nicht.

bä fiss'um ayyïtschalïm
total nicht-(es-)kann
Das geht ganz und gar nicht.

Mary mayät ïfällïgallähu
Mary sehen (ich-)will-bin
Ich möchte gern Mary sehen.

tadïyass?/ïndet näw?
dann/wie ist
Was gibt's Neues?/Wie steht's?

mïn mässäläh/mässäläsch?
was (es-)scheint-dir/(es-)scheint-dir
Was meinst du (m/w) dazu?

abet abet!
jawohl jawohl
Oh weh!

ärä!
na
Nanu!/Wirklich?

mïn? mïn alk/alsch?
was was (du/m-)sagst/(du/w-)sagst
Was? Was sagst du (m/w)?

minïm
nichts
Nichts.

bäwïnät?
bei-Wahrheit
Wirklich?

t'ïru!/bät'am t'ïru näw!
gut /sehr gut ist
Gut!/Das ist ausgezeichnet!

däss yïlall
glücklich (es-)sagt-ist
Das macht Spaß.

mut?
Tod
Echt?/Wirklich?/
Ist das wahr?

bäwïnät! lïkk näw
bei-Wahrheit richtig ist
Echt! Das stimmt!

ayyäh/ayyäsch?
(du/m-)siehst/(du/w-)siehst
Na siehst du (m/w)!

bälu, ïngïdïh - tschau!
sagen(-Sie), also - tschüss
Also dann, tschüss!

ïschschi!
OK
In Ordnung!/Einverstanden!

yïhäw näbbärä!/alk'owall!
dies-es wurde/(es-)endet-ist
Das wär's dann!/Erledigt!

Floskeln & Redewendungen

ahun yïbäk'all!
jetzt (es-)genug-ist
Jetzt reicht's!

bäkk'añ!
(es-)fertig-ist-mir
Mir reicht's!

ïnnïhid!
gehen(-wir)
Gehen wir!

wädä bet ïnnïhid!
hin Haus gehen(-wir)
Gehen wir nach Hause!

lïkk näh/lïkk näsch
richtig (du/m-)bist/richtig (du/w-)bist
Du (m/w) hast Recht.

altäsmamma
nicht-einverstanden
Ich bin nicht einverstanden.

ay, lïkk aydälläm
nein, richtig nicht-ist
Nein, das ist nicht richtig.

Unterwegs

Das billigste Verkehrsmittel in der Stadt sind die Busse (**autobus**). Diese sind ständig überfüllt, und es ist nicht genau voraussagbar, wann der nächste Bus zu dem gewünschten Ziel die Haltestelle ansteuern wird.

... in der Stadt

Kaum teurer, aber wesentlich schneller lässt sich die Stadt mit den Sammeltaxis (**taksi**) befahren, die etwa die Größe eines Mini-Busses haben und von morgens bis abends immer ganz bestimmte Strecken abfahren.

wäradsch (allä)!
Aussteiger (es-gibt)
Ich will aussteigen!

Wenn Sie aussteigen wollen, können Sie das mit einem hörbaren wäradsch *tun.*

Eine dritte Möglichkeit der Fortbewegung bieten die **kontrakt taksi**, fünfsitzige PKWs, die zu einem vorher ausgehandelten Preis individuelle Ziele in der Stadt anfahren. Diese Taxis haben vor allem nachts Hochkonjunktur, da die Sammeltaxis um diese Zeit nicht mehr fahren. Die Konkurrenz schläft, die Preise steigen. Je später die Nacht, desto teurer das Taxi.

mängäd t'äftoñall
Straße verloren-mir-ist
Ich habe mich verlaufen!

ïndet wädä [...] ïhedallähu?
wie zu [...] (ich-)gehe-bin
Wie komme ich zum/zur [...]?

wädä [...] bäigïr mähed yïtschalall?
zu [...] bei-Bein gehen (es-)kann-ist
Kann man zum/zur [...] zu Fuß gehen?

yet ïnnïggänañ?
wo (wir-)treffen-sind
Wo treffen wir uns?

yet lïwräd?
wo dass-aussteigen
Wo muss ich aussteigen?

k'äss bïläh hid, gize allän
langsam gehen(-Sie), Zeit ist-uns
Fahren Sie langsam, wir haben Zeit.

ïzzih yïwrädu
hier aussteigen(-Sie)
Steigen Sie hier aus!

ak'umu, ïzzih lïwräd
stehen(-Sie), hier dass-aussteigen
Halten Sie an, ich steige hier aus.

ak't'attscha	Richtung	**hotelu dïräs**	bis zum Hotel
(bästä) k'äñ	(nach) rechts	**ruk'/k'ïrb**	weit/nah
(bästä) gra	(nach) links	**ïzzih/ïzziya**	hier/da
k'ätt'ïta	geradaus	**wïst'/wïttsch'**	(dr)innen/ (dr)außen
wädä fit	nach vorn	**kätäma/mändär**	Stadt/Dorf
wädä hwala	nach hinten	**gät'är**	Land
wädä lay	nach oben	**mäsk'äläña**	Abzweigung
wädä tattsch	nach unten	**mak'warätscha**	Abkürzung
fit läfit	gegenüber	**yätrafik mäbrat**	(Verkehrs-)Ampel

... mit dem Bus

Mit dem Überlandbus kann man preiswert jeden Ort in Äthiopien erreichen. Die Preise sind festgelegt, und jeder, der eine Fahrkarte hat, bekommt auch einen Sitzplatz. Bei längeren Fahrten werden Teepausen eingelegt.

Da es in Äthiopien nur eine Eisenbahnverbindung gibt – nämlich von Addis Abeba nach Djibouti –, wurde auf ein eigenes Kapitel „... mit dem Zug“ verzichtet. Nur soviel: Vom Bahnhof (**laggähar**, von frz. „la gare“) fährt fast täglich ein Zug (**babur**) nach Djibouti ab. Die Fahrt dorthin dauert ungefähr zwei Tage. Zu größeren Ortschaften, die auf der Strecke liegen (z. B. **Awash**, **Harar**, **Dire Dawa**), können natürlich auch Tickets gebucht werden.

autobïs yïnorall?
Bus (er-)lebt-ist
Gibt es einen Bus?

autobïs mänähariya yet näw?
Bus Busbahnhof wo ist
Wo ist der Busbahnhof?

wädä däbrä zäyt ïndet mähed ïtschïlallähu?
nach Däbrä Zäyt wie gehen (ich-)kann-bin
Wie komme ich nach Däbrä Zäyt?

yïhe mängäd wädä däbrä zäyt yïwäsdall
dies Weg nach Däbrä Zäyt (er-)nimmt-ist
Dieser Weg führt nach Däbrä Zäyt.

Auch als Frage möglich

tiket sïnt näw?
Ticket wie-viel ist
Wie viel kostet die Fahrt?

yïhe bota bado näw?
dies Platz leer ist
Ist dieser Platz frei?

autobus bät'am molla
Bus sehr voll-ist
Der Bus ist sehr voll.

aratt säw nän
vier Person (wir-)sind
Wir sind zu viert.

däbrä zäyt madräs mïn yahïl gize yasfällïgall?
Däbrä Zäyt ankommen was ungefähr Zeit (es-)nötig-ist
Wie lange braucht man ungefähr bis Däbrä Zäyt?

mïn yahïl sä'at yïyïzall?
was ungefähr Uhr (es-)nimmt-ist
Wie lange werden wir fahren?

ïräft yïnorall?
Pause (es-)lebt-ist
Gibt es eine Pause?

yet ïnnarfallän?
wo (wir-)ruhen-sind
Wo halten wir?

hayk'u yet allä?
See wo ist
Wo liegt der See?

hayk'u dïräs sïnt kilometir näw?
See bis wie-viel Kilometer ist
Wie viele Kilometer sind es bis zum See?

ïbakkïwo, hayk'u asayyuñ!
bitte-Sie, See zeigen(-Sie)-mir
Können Sie mir den See zeigen?

wädä addis mähed ïfällïgallähu
nach Addis gehen (ich-)will-bin
Ich will nach Addis.

mätsche näw yämmïnhedäw?
wann ist welch-(wir-)gehen-es
Wann fahren wir los?

därsänall?
(wir-)erreichen-sind
Sind wir da?

yäne schant'a/borsa yet allä?
von-ich Koffer/Beutel wo ist
Wo ist mein Koffer/Tasche?

mäwrädscha	Ausgang, Ausstieg
autobïs	Bus
tiket/karni (mäk'urät')	Fahrkarte (lösen)
guzo	Fahrt, Reise
k'um!	halt!
mäk'omiya	Haltestelle
ïräft	Pause
t'abiya	Station

... mit dem Auto

mäkina yet mäkkärayät ïtschïlallähu?
Auto wo mieten (ich-)kann-bin
Wo kann ich ein Auto mieten?

yïh adraschscha ïfällïgallähu.
dies Adresse (ich-)will-bin
Ich suche diese Adresse.

nu, lasayyïwo!
kommen(-Sie), dass-zeigen-Ihnen
Kommen Sie, ich zeige es Ihnen!

na, lasayyïh!/näi, lasayyïsch!
komm, dass-zeigen-dir (m)/komm, dass-zeigen-dir (w)
Komm, ich zeige es dir (m/w)!

yïhe mängäd wädet yïwäsdall?
dies Weg wohin (er-)nimmt-ist
Wohin führt dieser Weg?

käkätäma wïttsch' yïwät'all
von-Stadt außen hinausgeht-ist
Er führt aus der Stadt hinaus.

wädä yet näw yämmihedut?
nach wo ist welch-(Sie-)gehen-es
Wohin wollen Sie fahren?

benzïn mämulat ïfällïgallähu
Benzin füllen (ich-)will-bin
Ich möchte tanken.

benzïn yet yïggäñall?
Benzin wo (es-)treffen-ist
Wo gibt es eine Tankstelle?

yäsälasa bïrr naft'a/bänzin/supär
ïfällïgallähumulaw, ïbakkïh
von-dreißig Birr Diesel/Benzin/Super
(ich-)will-binfülle-es, bitte-dich
Ich möchte für 30 Birr Diesel/Normal/Super.
Voll, bitte.

gommista yïnorall?
Reifendienst (es-)lebt-ist
Gibt es auch einen Reifendienst?

and gomma fänäddabbïñ
ein Reifen (er-)platzte-mir
Ich habe einen Platten.

mäkina aynässam
Auto nicht-(es-)erhebte
Das Auto springt nicht an.

mägfat aggïzuñ!
stoßen (ihr-)helft-mir
Helfen Sie mir anschieben?

fren t'ïru aydälläm
Bremse gut nicht-ist
Die Bremse ist schlecht.

yämäkina zäyt yasfällïgäñall
von-Auto Öl (es-)nötig-mir-ist
Ich brauche Motoröl.

lïttaddïsullïñ yïtschïlallu?
falls-(Sie-)erneuern-mir (Sie-)können-sind
Können Sie das reparieren?

maddäschaw sïnt näw?
Erneuerung wie-viel ist
Was kostet die Reparatur?

yïk'oyyall?
(es-)wartet-ist
Dauert es lange?

maddäschaw mïn yahïl gize yïfädschall?
Erneuerung was ungefähr Zeit (es-)erfordert-ist
Wie lange dauert die Reparatur?

yämäkina läwawät alläwo?
von-Auto zum-Wechsel ist-Ihnen
Haben Sie Ersatzteile?

[...] yet yiggäñall?
[...] wo (es-)trifft-ist
Wo kann ich [...] bekommen?

mïn lämadräg ïnnïtschïlallän?
was für-tun (wir-)können-sind
Was können wir tun?

mïnïm lämadräg annïtschïlïm
nichts für-tun nicht-(wir-)können
Da können wir nichts tun.

mïn yïschschalall?
was (es-)besser-ist
Was ist das Beste?

[...] yasfällïgall!
[...] (es-)nötig-ist
[...] ist nötig!

[...] täbälaschtoall!
[...] (es-)kaputt-ist
[...] ist kaputt!

Mit den folgenden Sätzen können Sie bei der Werkstatt oder Tankstelle Hilfe suchen.

tsch'ïs mäwtsch'iya	Auspuff	**frisyon**	Kupplung
benzin	Benzin	**mäbrat**	Licht
fren	Bremse	**motär**	Motor
nafta	Diesel	**zäyt**	Öl
marsch	Getriebe	**gomma**	Reifen
yämotär mak'äzk'äja (wïha)	Kühler (-wasser)	**krik**	Wagenheber

... mit dem Flugzeug

Auf dem internationalen Flughafen „Bole" werden Sie kaum auf Amharisch zurückgreifen, aber vielleicht auf einer der kleinen Landepisten im Inland. Für längere Inlandstrecken stellt nämlich das Fliegen in Äthiopien eine sehr einladende Alternative dar: Es werden erstaunlich viele Landepisten angeflogen – und zwar zu vernünftigen Preisen, mit pünktlichem „take-off" und dem gewohnten guten Service der „Ethiopian Airlines".

yäityop'iya ayyär mängäd biro yet näw?
von-Äthiopien Luft Weg Büro wo ist
Wo ist das „Ethiopian Airlines"-Büro?

wädä bole erport, ïbakkïwo
zu Bole Flughafen, bitte-Sie
Bitte fahren Sie mich zum Bole-Flughafen.

awroplan kä [...] mätsche yïgäball?
Flugzeug aus [...] wann (es-)eintrifft-ist
Wann kommt die Maschine aus [...] an?

awroplan wädä [...] mätsche yïbärrall?
Flugzeug nach [...] wann (es-)fliegt-ist
Um wie viel Uhr fliegt das Flugzeug nach [...] ab?

awroplan yïzägäyyall?
Flugzeug (es-)verspätet-sein
Hat das Flugzeug Verspätung?

Auf dem Land

Äthiopien bietet neben den Besuchen von Landschaftssehenswürdigkeiten (Nilfälle, Berge, Seen etc.) und Tierparks auch eine große Anzahl von Kulturdenkmälern, wie die aus Fels gehauenen Kirchen von Lalibela, die Stelen von Axum (eine davon ist als Opfer des Kulturraubes in Rom zu sehen) oder die Paläste von Gondar – um nur die bekanntesten zu nennen.

Einige Straßen zu diesen Sehenswürdigkeiten sind relativ gut befahrbar; insgesamt aber ist eine touristische Infrastruktur (glücklicherweise) noch wenig eingefahren.

Die „National Tour Operation" bietet Reisen zu den bekanntesten Sehenswürdigkeiten an. Es gibt aber auch kleine, private Reiseveranstalter, die auf Wunsch buchstäblich überall hinfahren. Wer etwas erleben will, ist hier in besten Händen.

Landschaftlich bietet Äthiopien fast jede Vegetation. Es gibt kleine Dschungelgebiete, Wälder, Wüste, Steppe und hohe Berge, von denen einige Gipfel fast 5000 m erreichen und besteigbar sind.

Auch Tiere können beobachtet werden, wenn auch nicht in dem Maße, wie in den großen Nationalparks Tanzanias und Kenyas.

ïzzih yämmïkkäray färäs/bäk'lo/mäkina yïnorall?
hier welch-mietet Pferd/Muli/Auto (es-)lebt-ist
Gibt es hier Pferde/Mulis/Autos zu mieten?

märi/nädschi/zäbäña yïggañall?
Führer/Fahrer/Wächter (es-)treffen-ist
Gibt es einen Führer/Fahrer/Wächter?

ïzzih asa lämägzat/lämat'mäd ïnnïtschïlallän?
hier Fisch für-kaufen/für-angeln (wir-)können-sind
Können wir hier Fische kaufen/fangen?

ïzzih yädur ïnsïsa yïtayyall?
hier von-Dschungel Tier (es-)sichtbar-ist
Kann man hier Tiere beobachten?

bälelit yïtayyall?
bei-Nacht (es-)sichtbar-ist
Kann man sie nachts sehen?

yihe (hayk'/tärara/täkl/zaf) sïmu man näw?
dies (See/Berg/Pflanze/Baum) Name wer ist
Wie heißt diese/r (See/Berg/Pflanze/Baum)?

walïya	Antilope	**ayt'**	Maus
zïhon	Elefant	**gumarre**	Nilpferd
ahïyya	Esel	**bäre**	Ochse
ïnk'urarit	Frosch	**färäs**	Pferd
k'ätsch'ïne	Giraffe	**ayt'ä mogät'**	Ratte
doro	Huhn	**bäg**	Schaf
wïschscha	Hund	**ïbab**	Schlange
dschïb	Hyäne	**birrabirro**	Schmetterling
t'ïdscha	Kalb	**(yädur) asama**	(Wild-)Schwein
gïmäl	Kamel	**nïyala**	Steinbock
dïmmät	Katze	**sägwän**	Strauß (Vogel)
lam/käbt	Kuh/Rinder	**wäf**	Vogel
anär	Leopard	**yämeda ahïyya**	Zebra
ambässa	Löwe	**fiyyäl**	Ziege

Wetter & Jahreszeiten

In Äthiopien unterscheidet man zwischen der großen Regenzeit (Juli bis September) und der kleinen (März). Die verschiedenen Regionen Äthiopiens werden aber nicht gleichmäßig mit Regen versorgt. Während das Hochland mit Niederschlag gesegnet ist, bleiben andere Landstriche fast immer trocken. Die heißesten Tage liegen in der Zeit von April bis Juni, die kältesten Nächte im November und Dezember.

Auch sprachlich wird das Land in verschiedene Höhen- und Klimazonen eingeteilt: **Bereha** („Wüste", unter 500 m, heiß und trocken), **K'olla** (500 m- 1500 m, relativ trocken und warm), **Woyna Däga** (1500 m- 2500 m, warm und fruchtbar), **Däga** (2500 m- 3700 m, kühles Hochland), **Wirtsch'** (ab 3700 m, kalt).

yäayyär huneta
von-Luft Benehmen
Wetter, Klima

hayläña näfas allä
stark Wind ist
Es weht ein starker Wind.

yïmok'all/bät'am yïmok'all
(es-)warm-ist/sehr (es-)warm ist
Es ist warm./Es ist heiß.

yïbärdall/bät'am yïbärdall
(es-)kalt-ist/sehr (es-)kalt-ist
Es ist kalt./Es ist sehr kalt.

yïzänball
(es-)regnet-ist
Es regnet.

yïzänball, wäy?
(es-)regnet-ist, oder
Wird es regnen?

ahun yäzïnab gize aydälläm, wäy?
jetzt von-Regen Zeit nicht-ist, oder
Jetzt ist doch nicht die Regenzeit, oder?

t'ïla wïsädu!
Schatten nehmen(-Sie)
Nehmen Sie den Regenschirm!

s'ähay wätt'attsch/gäbbattsch
Sonne herausging/eintrat
Die Sonne ist aufgangen/untergegangen.

ïyyätsch'ällämä näw
während-(es-)dunkelt ist
Es wird dunkel.

lelit yïbärdall
Nacht es-kalt-ist
Nachts wird es kalt.

mähär	Erntezeit	**s'ähay**	Sonne
bärädo	Hagel, Eis	**kokäb**	Stern
sämay	Himmel	**däräk'/dïrk'**	trocken/Trockenheit
muk'ät	Hitze	**bäga**	Trockenzeit, „Sommer" = Oktober - Juni
bïrd	Kälte	**muk'ät**	Wärme
tsch'äräk'a	Mond	**nïfas**	Wind
zïnab	Regen	**dämmäna**	Wolke(n)
yäzïnab gize/ krämt	Regenzeit = Juli - September	**bäräha**	Wüste
t'ïla	Schatten		

Übernachtung im Hotel

In der Hauptstadt und in den großen Zentren der Provinzen bekommt man Hotels mit gutem Service. Ist man unterwegs, hält sich in kleineren Städten oder gar Dörfern auf, dann muss man sich allerdings mit kleinen, einfachen Hotels begnügen – aber diese Hotels gibt es tatsächlich überall.

Was Sauberkeit und Ausstattung angeht, haben manche der kleinen Hotels nicht den gewohnten Standard. Es gibt aber auch ebensoviele kleine Hotels, die man als kleine Schmuckstücke beschreiben kann: Sie sind zwar einfach aber sauber und liegen oft sehr schön – z. B. in einem parkähnlichen Garten oder an einem See.

ïzzih akkababi hotel yet yïggäñall?
hier Gegend Hotel wo (es-)treffen-ist
Wo gibt es hier ein Hotel?

and alga ïfällïgallähu
ein Bett (ich-)will-bin
Ich möchte ein Zimmer haben.

alga allattschïhu?
Bett ist-euch
Habt ihr noch ein Zimmer?

alga masayyät tïtschïl-alläh/tïtschiyalläsch?
Bett zeigen (du/m-)kannst-bist /(du/w-)kannst-bist
Kannst du (m/w) mir das Zimmer zeigen?

waga mïn yahïl näw?
Preis was ungefähr ist
Wie viel kostet es ungefähr?

(yäkïfil) waga sïnt näw?
(von-Raum) Preis wie-viel ist
Wie viel kostet das (Zimmer)?

land k'än/sammïnt and alga ïfällïgallähu
für-ein Tag/Woche ein Bett (ich-)will-bin
Ich möchte ein Zimmer für einen Tag/eine Woche.

kïfilottsch bämulu täyïzowall?
Räume bei-voll (es-)nimmt-ist
Sind alle Zimmer belegt?

sïlk/schawär yalläw alga yïggäñall?
Telefon/Dusche welch-ist Bett (es-)trifft-ist
Gibt es ein Zimmer mit Telefon/Dusche?

alga tazägadschallattschïhu?
Bett (ihr-)zubereitet-seid
Können Sie das Zimmer zurechtmachen?

addis ansola tanät'äfallattschïhu?
neu Bettwäsche (ihr-)ausbreiten-seid
Können Sie ein neues Laken spannen?

k'oschascha näw
Schmutz ist
Es ist schmutzig.

t'ïru näw/t'ïru aydälläm
gut ist/gut nicht-ist
Es ist gut./Es ist nicht gut.

tïras allattschïhu?
Kopfkissen sind-euch
Haben Sie Kopfkissen?

mäbrat aysäram
Lampe nicht-(sie-)arbeitet
Das Licht geht nicht.

mättat'äbiya bet yet allä?
Waschraum Haus wo ist
Wo ist das Badezimmer?

[...] yasfällïgäñall
[...] (es-)nötig-mir-ist
Ich brauche [...].

ahun wïha/soft bïttscha yïk'ärall
jetzt Wasser/Toilettenpapier nur (es-)bleibt-ist
Nun fehlt nur noch Wasser/Toilettenpapier.

k'urs mäblat ïfällïgallähu.
Frühstück essen (ich-)will-bin
Ich möchte frühstücken.

mïgïb bet yet yïggäñall?
Essen Haus wo (es-)trifft-ist
Wo gibt es ein Restaurant?

ïzzih mäblat alfällïgïm.
hier essen nicht-(ich-)will
Hier möchte ich nicht essen.

and mïgïb sïnt näw?
ein Essen wie-viel ist
Was kostet ein Essen?

yäsidschara mätärkoscha	Aschenbecher	**bimbi**	Mücke
mät'rägiya	Besen	**s'ïdat**	Sauberkeit
alga/ansola	Bett/Bettwäsche	**k'um sat'ïn**	Schrank
mättat'äbiya bet	Dusche	**k'oschascha**	Schmutz
mäskot	Fenster	**wämbär**	Stuhl
ïsat	Feuer	**t'äräpp'eza**	Tisch
tïras	Kopfkissen	**bärr**	Tür
tsch'ärk'	Lappen, Tuch	**fäntilator**	Ventilator
fïrasch	Matratze	**bwambwa**	Wasserhahn
		bïrd lïbs	Wolldecke

Essen & Trinken

Wer sicher gehen will, sollte auf nicht abgekochte Speisen wie z. B. Salate verzichten.

Viele Europäer meiden die kleineren, einfachen Restaurants aus Angst vor Krankheiten. Aber solange man sich nicht gerade die heruntergekommenste Spelunke aussucht, kann man getrost überall essen.

Das Nationalgericht Äthiopiens ist **indschera bä wot'**. **Indschera** sind große Sauerteigfladen, von denen Stücke abgerissen werden, mit deren Hilfe man die **wot'** (Soße) isst. Meistens werden mehrere verschiedene Soßen auf dem Fladen verteilt, so dass man eine köstliche Auswahl hat. Anfangs muss man sich an den leicht säuerlichen Geschmack der Fladen gewöhnen – hat man Äthiopien aber verlassen, dann wird man gerade diese Speisen vermissen!

Das Frühstück – im Allgemeinen kurz nach Sonnenaufgang eingenommen – besteht oft aus den aufgewärmten Resten des Vortages (**fitfit**) oder aus Weißbrot zum Tee bzw. Kaffee. In den Hotels fällt das Frühstück selbstverständlich üppiger aus. Die warmen Mahlzeiten werden mittags zwischen 12 und 14 Uhr und abends nach Sonnenuntergang eingenommen.

Auch die italienische Küche mit Nudelgerichten und Pizzas ist in Äthiopien vor allem in den größeren Restaurants an der Tagesordnung und sehr zu empfehlen.

mäblat ïfällïgallähu/ïnnïfällïgallän
essen (ich-)will-bin/(wir-)wollen-sind
Ich möchte/wir möchten etwas essen.

t'ïm alläbbïñ/alläbbïn
Durst ist-mir/ist-uns
Ich/wir habe(n) Durst.

mät'ätt'at ïnnïfällïgallän
trinken (wir-)wollen-sind
Wir möchten etwas trinken.

mïn migïb allattschïhu?
welch Essen ist-euch
Welche Gerichte bieten Sie an?

menu allattschïhu?
Menu ist-euch
Haben Sie eine Karte?

mäzäz ïtschïlallähu?
bestellen (ich-)kann-bin
Kann ich bestellen?

zare mïn allattschïhu?
heute was ist-euch
Was gibt es heute?

yihe mïndïnäw?
dies was-ist
Was ist das?

lät'enattschïn
für-Gesundheit-unsere
Prost!

migïb	Essen	**mankiya**	Löffel
k'urs	Frühstück	**schukka**	Gabel
mïsa	Mittagessen	**billawa**	Messer
ïrat	Abendessen	**sahïn**	Teller

zu Festzeiten

dabbo	Brot	**kek**	Kuchen
k'ïbe	Butter	**marmälata**	Marmelade
ïnk'ulal	Ei	**omälät**	Omelette
dïfo dabbo	Graubrot	**sändwitsch**	Sandwich
bïskut	Keks		

Gerichte

eine Delikatesse!

ïndschära fitfit	Fladen mit Sauce getränkt
nug/zäyt	Speiseöl
doro wät'	Huhn in Soße
k'äyy wät'	„Rote Soße" meist mit Fleischstücken
t'ïbs siga	kleine Fleischstücke nur kurz angebraten
k'ïtfo	rohes Hackfleisch mit Butter und Gewürzen
alïtsch'a	gekochtes Gemüse
misïr wät'	Linsengericht
makaroni	Makkaroni
ruz	Reis
pasta (schutta)	Nudeln
sälat'a	Salat

mät'ätt'	Getränke		
t'äddsch	Honig - Met	nïs'uh wïha	reines Wasser
t'älla	Getreide - Bier	ambo wïha	Mineralwasser (Quelle in Ambo)
vino	Wein	schay	Tee
yäwäyn t'äddsch	äthiop. Wein	bunna	Kaffee
läslassa	Limonade, Cola usw.	bunna bäwätät	Kaffee mit viel Milch
arak'e	klarer Schnaps	makiyato	Kaffee mit wenig Milch
t'schïmmak'i	Fruchtsaft	wätät	Milch
t'ïru wïha	gutes Wasser	bïrtsch'ïkk'o	Glas
		sïni	Tasse

ïne bunna/schay ïfällïgallähu
ich Kaffee/Tee (ich-)wollen-bin
Ich trinke lieber Kaffee/Tee.

yaläsïkkwar/tïnnïsch sïkkwar
ohne-Zucker/klein Zucker
ohne Zucker/mit wenig Zucker

yäïddsch mättat'äbiya yet näw?
von-Hand Waschraum wo ist
Wo kann man sich die Hände waschen?

migïb bät'am yak'at'ïlall
Essen sehr (es-)brennt-ist
Das Essen ist sehr scharf.

migïb t'ïru näw
Essen gut ist
Das Essen ist gut.

yït'affïtall?
(es-)schmeckt-ist
Hat es geschmeckt?

bät'am t'ïru näbbär
sehr gut (es-)war
Es war sehr gut.

t'ägïbbiyallähu	**hisab, (ïbakkattschïhu)**
(ich-)fülle-bin	*Rechnung, (bitte-ihr)*
Ich bin wirklich satt.	Die Rechnung, (bitte).

**nur im Zusammenhang mit Nahrungsmitteln*

t'schäw	Salz	**däräk'**	trocken
bärbärre	Pfeffer	**t'affat'sch**	süß
komt'att'e	Essig	**t'schäwama**	salzig
zäyt	Öl	**märara**	bitter
muk'	heiß	**mäkumt'ät**	sauer
k'äzk'azza	kalt*	**mäk'at'el**	scharf

Toilette

Hier nun einige Sätze zu Toilette & Co.

schïnt bet yet näw?
Urin Haus wo ist
Wo ist die Toilette?

wïha/soft yälläm?
Wasser/Toilettenpapier nicht-ist
Gibt es kein Wasser/Toilettenpapier?

soft/fot'a allattschïhu?
Toilettenpapier/Handtuch (ihr-)habt
Haben Sie Toilettenpapier/ein Handtuch?

schïnt bet	Toilette
täyïzowall	Es ist besetzt.
yäset	für Damen
yäwänd	für Herren
samuna	Seife
fot'a	Handtuch

Markt, Handeln & Einkaufen

Es ist nichts Neues, dass Touristen immer wieder übers Ohr gehauen werden. Welcher Geschäftsmann möchte nicht einen guten Gewinn erzielen? Wer die Preise nicht kennt, ist ein gutes Opfer. Versuchen Sie deshalb, zuerst einen Überblick über die Preise zu bekommen: Kaufen Sie nicht gleich beim ersten Mal sondern vergleichen Sie vorher die Preise. Bei einem größeren Kauf erkundigen Sie sich bei Bekannten nach der üblichen Preisspanne. Die Händler wissen, dass ein Tourist lieber ein wenig mehr zahlt als dem Markt einen weiteren Besuch abzustatten; man weiß, dass die **färenji** (die Weißen) meistens wenig Zeit mitbringen.

Um einen guten Preis zu erzielen, braucht man Zeit. Nehmen Sie auch die hitzigste Verhandlung mit Humor und kommen Sie lieber noch einmal wieder. Wenn Sie sich auf den merkato *in Addis Abeba begeben – einen der größten Märkte Afrikas – sollten Sie Ihre Wertsachen lieber im Hotel lassen.*

yägäbäya schïbbïr läleba särg näw
von-Markt Unruhe für-Dieb Heirat ist
Gewimmel auf dem Markt ist für den Dieb wie eine Hochzeit.

Verboten ist es, die typischen Kreuze der orthodoxen Kirche zu kaufen und auszuführen, vor allem, wenn es sich um antike Kreuze oder solche aus echtem Silber handelt. Halten Sie sich daran! Es gibt jede Menge Nachbildungen, die sich besser als Souvenir eignen.

Handeln

Hier ein Gespräch, bei dem die Preisvorstellungen anfangs recht unterschiedlich sind.

t'ena yïst'ïllïñ, gaschsche/ïmmete
Gesundheit geben-mir, Herr/Madame
Guten Tag, mein Herr/meine Dame.

mïn mägzat yïfällïgallu?
was kaufen (Sie-)wollen-sind
Was möchten Sie kaufen?

yïhe k'äläbät sïnt näw?
dies Fingerring wie-viel ist
Was kosten diese Ringe dort?

waga hamsa bïrr näw
Preis fünfzig Birr ist
Sie kosten 50 Birr.

k'äldäña not?
Witzbold (Sie-)sind
Sie machen Witze!

Interessant für Touristen ist sicherlich der äthiopische Schmuck. Auch Stoffe, fein bestickte Borten, Holzarbeiten (hauptsächlich mit christlichen Motiven), Korbarbeiten, Gewürze oder Musikinstrumente und Kassetten mit äthiopischer Musik sind weitere Souvenirs, die man überall erstehen kann (und darf).

sïnt yïgäzallu?
wie-viel (Sie-)kaufen-sind
Wie viel wollen Sie denn zahlen?

kähaya bïrr bälay ayawät'am
von-zwanzig Birr über nicht-(es-)hinausgeht
Die sind nicht mehr wert als 20 Birr.

haya bïrr tïnnïsch näw
zwanzig Birr klein ist
20 Birr ist zu wenig.

hulätt bähamsa bïrr rïkkasch näw
zwei bei-fünfzig Birr billig ist
Zwei für 50 Birr ist billig.

bäzzih waga alschät'ïm
bei-hier Preis nicht-(ich-)verkaufe
Zu diesem Preis verkaufe ich sie nicht.

antä dämbäña näh, bäsälasa bïrr bïttïgäza däss yïläñall
du Kunde bist, bei-dreißig Bïrr wenn-du-kaufst glücklich (es-)sagt-mir-ist
Weil Du ein guter Kunde bist, bin ich mit 30 Birr zufrieden.

t'ïru waga näw
gut Preis ist
Das ist ein guter Preis.

t'ïru, yïhun/ïschschi, yïhun
gut, (es-)wird/OK, (es-)wird
Na gut. Einverstanden.

Ein paar häufig verwendete Sätze:

and sïnt näw?
ein wie-viel ist
Wie viel kostet eins?

yañawïss?
jene(r)
Und das da?

assïr bïrr sätt'ähu
zehn Bïrr (ich-)gab
Ich habe dir/Ihnen 10 Birr gegeben.

mïnïm mägzat alfällïgïm
nichts kaufen nicht-(ich-)will
Ich möchte nichts kaufen.

yïhäw däss alaläñïm
dies glücklich nicht-(es-)sagt-mir
Das gefällt mir nicht.

wagawïss?
Preis
Und was ist mit dem Preis?

waga wïdd näw
Preis hoch ist
Das ist zu teuer.

k'ïnnaschïss?/kännïs!/kännïschi!
Preisnachlass /reduziere (m)/reduziere (w)
Und wie wär's mit einem Preisnachlass?

[...] ïfällïgallähu!
[...] (ich-)will-bin
Ich möchte [...]!

firafre	**Obst**		
ananas	Ananas	**mandarin**	Mandarine
bïrtukan	Apfelsine	**mango**	Mango
muz	Banane	**papaya**	Papaya
lomi	Limone	**kok**	Pfirsich

atakïlt	**Gemüse**		
ïhïl	Getreide	**yäfärändsch k'ariya**	Paprika
karot	Karotte	**k'ariya**	Pfefferschoten
dïnnïttsch	Kartoffel	**sälat'a**	Salat
schïmbïra	Kichererbsen	**timatim**	Tomaten
nättsch' schïnkurt	Knoblauch	**sïnde**	Weizen
		schïnkurt	Zwiebel

k'imäm	Gewürze		
zäyt	Öl	k'äyy bärbärre	roter Pfeffer
komt'att'e	Essig	mit'mit'a	starker Pfeffer
k'ariya	Pfeffer	tsch'äw	Salz
		sïkkwar	Zucker

asanna sïga	Fisch und Fleisch
asa	Fisch
yädoro sïga	Hühnerfleisch
yäbäre sïga	Rinderfleisch
yäbäg sïga	Schafsfleisch
k'want'a	Trockenfleisch
yäfiyyäl sïga	Ziegenfleisch

mägzat	kaufen	mäschät'	verkaufen
waga	Preis	mäwsäd	nehmen
widd	teuer	rïkkasch	billig
bïzu	viel	tïnnïsch	wenig
grosäri	Laden	zïrzïr	Kleingeld

auch: Wechselgeld

tïnnisch yik'ärall	es fehlt noch ein wenig
and kilo/litär/metïr	1 Kilo/Liter/Meter

ambar	Armreif	märfenna kïrr	Nadel und Faden
batri dïngay	Batterie	wäräk'ät	Papier
laitär	Feuerzeug	k'äläbät	Ring
masink'o	äthiop. Fiedel	get'aget'	Schmuck
t'ärmus	Flasche	k'ulf	Schlüssel
waschïnt	Flöte	mäs'afiya	Schreibgerät
krar	Gitarre	tsch'amma	Schuhe
wärk'	Gold	samuna	Seife
k'äbätto	Gürtel	bïrr	Silber

bägäna	Harfe	**tsch'ärk'**	Stoff
kanatera	Hemd	**kïbrit**	Streichhölzer
surri	Hose	**borsa**	Tasche
barnet'a	Hut	**batri**	Taschenlampe
mastika	Kaugummi	**sahïn**	Teller
habïl	Kette	**mïnt'af**	Teppich
färändsch schant'a	Koffer	**käbäro**	Trommel
kondom	Kondom	**yät'ïrs mäfak'iya**	Zahnbürste
mäsob	Korb	**yät'ïrs samuna**	Zahnpasta
mäsk'äl	Kreuz	**gazet'a**	Zeitung
billawa	Messer	**sidschara**	Zigaretten
kofiyya	Mütze		

Fotografieren

Nicht jeder wird gerne fotografiert; vorheriges Fragen bewahrt vor unangenehmen Überraschungen. Gerade bei Einladungen oder ähnlichen Gelegenheiten können ein paar Posen für die Kamera ganz unterhaltsam sein, ebenso das Betrachten von vorhandenen Bildern. In den Städten gibt es Foto-Läden, die Filme in angemessener Qualität entwickeln.

foto lansa?
Foto heben
Darf ich ein Foto machen?

ay, kïlkïl näw/ayyïtschalïm
nein, verboten ist/(es-)nicht-kann
Nein, es ist verboten/es geht nicht.

foto ansuñ!
Foto nehmen-von-mir
Machen Sie von mir ein Foto!

foto mat'äbiya yet allä?
Foto Waschgelegenheit wo ist
Wo gibt es einen Fotoladen?

foto sïttat'äb, ïsät'ïhallähu
Foto wenn-gewaschen, (ich-)gebe-dich-bin
Wenn das Foto fertig ist, bekommst du eins.

yïhïn film yïttat'äbïllïñ!
dieser Film (er-)gewaschen-wird-mir
Entwickeln Sie mir diesen Film!

film mägzat ïfällïgallähu
Film kaufen (ich-)will-bin
Ich möchte Filme kaufen.

yämättawäk'iya foto ïfällïgallähu
von-Ausweis Foto (ich-)will-bin
Ich brauche Passfotos.

balä k'äläm/t'ïk'urïnna nättsch' film
Besitzer Farbe/schwarz-und weiß Film
einen Farbfilm/Schwarz-Weiß-Film

Behörden

Bei Ämtern und Behörden kommt man im Allgemeinen ganz gut mit Englisch aus. Wenn Sie aber die Atmosphäre etwas auflockern wollen, versuchen Sie es trotzdem auf amharisch.

Bei der Polizei

ïnglïziña yämmïnnagär säw allä?
Englisch welch-redet Person ist
Haben Sie jemand, der Englisch spricht?

yäne wäräk'ät (pasäport/mättawäk'iya) t'alkuñ
von-ich Papier (Pass/Ausweis) verloren-ist-mir
Ich habe meine Papiere (Pass/Ausweis) verloren.

yet näw yäïrswo gänzäb yät'äffaw?
wo ist von-Sie Geld welch-fehlen
Wo haben Sie Ihr Geld verloren?

mercato näw
Markt ist
auf dem Merkato

täk'ämmahu
beraubt-(ich-)wurde
Ich wurde überfallen.

ahun mïn yïschschalall?
jetzt was (es-)besser-ist
Was ist jetzt am besten zu tun?

k'ït's	Anzeige
embasi	Botschaft
leba	Dieb
wäräk'ät	Dokumente
yäganzäb borsa	Geldbeutel
pasport	Pass
polis t'abiya	Polizeistation
k'ämmaña	Überfall

Bank, Post & Telefon

Die äthiopische Währung wird **bïrr** genannt, was übersetzt Silber heißt. Auf dem Land empfiehlt es sich, genügend „kleine Scheine" (1-, 5-, 10-Birr-Noten) dabeizuhaben, damit man niemanden in die Situation bringt, erst einmal „Wechselgeld suchen gehen" zu müssen.

Auf der Bank

yuro mäk'äyyär ïfällïg-allähu
Euro wechseln (ich-)will-bin
Ich möchte gerne Euro wechseln.

bäsïnt yïmännäzzärall?
bei-wie-viel (es-)wechselt-ist
Wie ist der Wechselkurs?

mättawäk'iya yïfällïgallu?
Ausweis (es-)nötig-ist
Brauchen Sie einen Ausweis?

ïbakkïwo ïzzih yïfärrïmu!
bitte-Sie hier unterschreiben(-Sie)
Bitte unterschreiben Sie hier!

bank	Bank
form (mämulat)	Formular (ausfüllen)
gänzäb (mäkäyyär)	Geld (wechseln)
pasport	Pass
tschek	Reiseschecks
firma	Unterschrift

Auf der Post

and däbdabbe wädä dschärmän agär mälak ïfällïgallähu
ein Brief hin deutsch Land senden (ich-)will-bin
Ich möchte gerne einen Brief nach Deutschland schicken.

tembïr yet yïschschät'all?
Briefmarke wo (sie-)verkauft-ist
Wo gibt es Briefmarken?

[...] mälak ïfällïgallähu
[...] senden (ich-)will-bin
Ich möchte gerne [...] schicken.

wädä [...] yätembïr waga sïnt näw?
nach [...] von-Briefmarke Preis wie-viel ist
Wie hoch ist das Porto nach [...]?

laki	Absender	**bäayyär mängäd**	Luftpost
adraschscha	Adresse	**paket**	Paket
däbdabbe	Brief	**post kard**	Postkarte
tembïr	Briefmarke	**mälak**	schicken
rekomande	Einschreiben	**telegram**	Telegramm
wanna posta bet	Hauptpostamt	**ämbolop**	Umschlag

Telefonieren

Telefonieren stellt in Äthiopien kein Problem dar, das Telefonsystem funktioniert verlässlich. Viele Anschlüsse werden von mehreren Personen benutzt (andere Mitbewohner, Nachbarn, Kollegen etc.) – fragen Sie also gleich nach der Person, mit der Sie sprechen wollen. Die Begrüßung können Sie auf ein kurzes **t'ena yïst'ïllïñ** („Guten Tag") beschränken.

sïlk yet allä?
Telefon wo ist
Wo gibt es/ist ein Telefon?

wädä wïttsch' agär mädäwwäl ïfällïgallähu
hin außen Land klingeln (ich-)will-bin
Ich möchte ins Ausland telefonieren.

halo, yïssämañall
hallo, (es-)gehört-wird-mir-ist
Hallo, ich kann euch verstehen.

halo, yïssämall?
hallo, gehört-wird
Hallo, kann man mich verstehen?

bädämb ayïssämmam/fiss'um ayïssämmam
ordentlich nicht-gehört-wird/total nicht-gehört-wird
Man kann nicht richtig/überhaupt nicht hören.

man lïbäl?
wer dass-sagen
Wer spricht dort?

ïne matyas näñ
ich Matthias bin
Hier spricht Matthias.

kä Asäffa gar männägaggär ïtschïlallähu?
von-Aseffa mit zu-erzählen (ich-)kann-bin
Kann ich mit Aseffa sprechen?

ïne bäzzih k'ut'ïr ïggäñallähu: ammïst ammïst [...]
ich bei-hier Zahl (ich-)treffe-bin: fünf fünf [...]
Ich bin unter dieser Nummer zu erreichen: fünf fünf [...].

mïn alu?
was (Sie-)sagten
Was haben Sie gesagt?

k'äss, k'äss! ïndägäna!
langsam, langsam wieder
Langsam, langsam! Noch einmal!

Internet

Internet-Cafés sind, außer in Addis Abeba, kaum zu finden. Die Internetnutzung ist vergleichsweise noch recht teuer - etwa 5 € die Stunde muss man in einem Internet-Café berappen. Das wird sich in den nächsten Jahren sicherlich ändern.

internet cafe yet yïggäñall?
Internet Café wo (es-)trifft-ist
Wo gibt es ein Internet-Café?

lämatäm ïfälligallähu
zu-drucken (ich-)kann-bin
Ich möchte ausdrucken.

ant säat sïnt näw?
eins Stunde wieviel ist
Wie viel kostet eine Stunde?

Internet mät'äkkäm ïtschïlallähu?
Internet benutzen (ich-)kann-bin
Kann ich das Internet benutzen?

Krank sein

In den größeren Städten gibt es in Krankenhäusern keine Verständigungsschwierigkeiten, da auch die Schwestern, Ärzte und Ärztinnen Englisch beherrschen, die nicht in englischsprachigen Ländern ausgebildet wurden.

Auf dem Land kann es vorkommen, dass man auf die Hilfe von Leuten angewiesen ist, die kein Englisch sprechen. Wenn Sie auf dem Land wirklich schwer krank werden sollten, begeben Sie sich möglichst in die Hauptstadt oder in eine andere große Stadt mit einem Krankenhaus.

hakim/doktär tolo yasfällïgall
Arzt/Doktor schnell (es-)nötig-ist
Es wird dringend ein Arzt benötigt.

wädä hakimbet/hospital wïsäduñ!
hin Arzt-Haus/Hospital nehmt-mich
Bringt mich ins Krankenhaus!

ïne ammämäñ
ich krank-sein-es-mir
Ich bin krank.

ïssu ammotall/ïsswa ammwatall
er krank-sein-es-ihm/sie krank-sein-es-ihr
Er/sie ist krank.

adäga därsobbĭñall
Gefahr (sie-)erreichte-mir-ist
Ich hatte einen Unfall.

ĭdsche täsäbärowall
Arm-mein (er-)gebrochen-ist
Ich habe mir den Arm gebrochen.

yastawĭkäñall
(es-)kotzt-mir-ist
Mir ist zum Kotzen schlecht.

yasmälläsäñall
(es-)umkehrt-mir-ist
Mir ist (zum Erbrechen) übel.

tĭkkusat alläñ
Fieber ist-mir
Ich habe Fieber.

k'usäl alläñ
Wunde ist-mir
Ich habe eine Wunde.

bĭzu däm yĭfässäñall
viel Blut (es-)fließt-mir-ist
Ich blute stark.

hĭmäm yĭssämañall
Krankheit (es-)hört-mir-ist
Ich habe Schmerzen.

[...] alläñ
[...] ist-mir
Ich habe [...]

tĭkkusat alläñ
Fieber ist-mir
Ich habe Fieber.

Krank sein

edïs	Aids	**yäat'ïnt mässäbär**	Knochenbruch
alerdschi	Allergie	**yäras mïtat**	Kopfschmerzen
yähod k'urt'at	Bauchschmerzen	**ärguz**	Schwangerschaft
k'ïzzän	Durchfall	**ïbt'ät**	Schwellung
mastawäk	Erbrechen	**k'usäl**	Wunde
tïkkusat	Fieber	**sïkkwar**	Zucker
yäsïga däwe bäschschïta	Geschlechtskrankheit		

[...] yïssämañall
[...] (es-)hört-mir-ist
[...] tut mir weh.

ïdsche yïssämañall
Arm-mein hört-mir-ist
Mein Arm tut mir weh.

© Climber@Fotolia.com

kïnd	Arm	**ïddsch**	Hand	**känfär**	Lippen
ayn	Auge	**lïbb**	Herz	**samba**	Lunge
hod	Bauch	**gulbät**	Knie	**af**	Mund
ïgïr	Bein	**at'ïnt**	Knochen	**afïntsch'a**	Nase
t'ut	Brust	**akal**	Körper	**dschoro**	Ohr
fit	Gesicht	**ras**	Kopf	**dschärba**	Rücken
gurorro	Hals	**gubbät**	Leber	**t'ïrs**	Zahn

[...] yasfällïgäñall
[...] es-nötig-mir-ist
Ich brauche [...]

hakim yasfällïgäñall
Arzt es-nötig-mir-ist
Ich brauche einen Arzt.

antībayotīk mädhanit	Antibiotika	**s'ätt'īta**	Ruhe
farmasi	Apotheke	**k'ībat**	Salbe
hakim	Arzt	**yä ink'älf kinin**	Schlaftabletten
asprin	Aspirin	**märfe**	Spritze
krem	Creme	**kinin**	Tabletten
mädhanit	Medikament	**t'äbbīta**	Tropfen
plastär	Pflaster	**fascha**	Verband

sīnt kinin/t'äbbīta līwsäd?
wie-viel Tabletten/Tropfen dass-nehmen
Wie viele Tabletten/Tropfen soll ich einnehmen?

bäk'än sīnt gize?
bei-Tag wie-viel Zeit
Wie oft täglich?

mīn yähīl gize?
was lange Zeit
Wie lange?

ahun tīnnīsch täschīloñall
jetzt klein besser-(es-)mir-ist
Jetzt geht es mir etwas besser.

ahun t'īru näw
jetzt gut ist
Jetzt ist es gut.

aldankum
nicht-(es-)heilte
Es ist noch nicht geheilt.

altäschaläñim
nicht-(es-)besser-mir
Mir geht es noch nicht besser.

siläräddūñ bät'am īgzer yīst'īllīñ
wegen-(Sie-)helfen-mir sehr Gott gibt-mir
Vielen Dank für ihre Hilfe.

Streitigkeiten

Hier folgen einige kräftige Wendungen, mit denen man sich in kritischen Situationen verbal wehren kann – oder im Notfall mit entsprechender Lautstärke auf sich aufmerksam machen.

schïfta!
Gangster!/Bandit!

leba!/lebottsch!
Dieb!/Diebe!

ärä!
Na!

ïrduñ!
Hilfe!

mïn honk!/mïn honattschïhu!
was (du-)wirst/(ihr-)werdet
Was ist los mit dir (m)/euch!

leba yazut!
Dieb haltet(-ihr)
Haltet den Dieb!

ärä täw!/täy!/täwu!
na, lass (m)/lass (w)/lassen(-Sie)
Lass (m) das!/Lass (w) das!/Lassen Sie das!

bäkk'a! wädä polis ïnnïhid!
fertig-ist hin Polizei (wir-)gehen
Jetzt reichts! Los, zur Polizei!

polis t'abiya yet allä?
Polizei Haltestelle wo ist
Wo gibt es/ist ein Polizeirevier?

tät'änk'äk', asayyïhallähu!
aufpassen (ich-)zeige-dich-bin
Pass auf, ich zeig's Dir!

hïd käzzih!
geh von-hier
Hau ab!

t'ïffa käzih!
verschwinde von-hier
Verschwinde!

zïmbäl!
leise-sag
Sei ruhig!/
Halt den Mund!

atsämam?
nicht-(du/m-)hörtest
Hast du nicht gehört?
(Vergiss dich nicht!)

kïbirïhïn t'äbbïk'!
Ehre-dein behalte
Behalte deine Ehre!

Literaturhinweise

Sämtliche Titel werden Sie bestellen müssen – die Buchhandlung wird sie nicht vorrätig haben –, und einige Titel werden nicht leicht zu beschaffen sein. Dann versuchen Sie es am besten beim genannten Verlag selbst. Informieren Sie sich über den Preis, denn vor allem Wörterbücher sind teuer.

Richter, Renate: Lehrbuch der amharischen Sprache. Leipzig: Verlag Enzyklopädie, 1987. Gutes Lehrbuch, allerdings wird das Lernen der Schrift vorausgesetzt.

Foreign Service Institute: Amharic Basic Course, Units 1-50. Washington, D.C.: Department of State, 1964. Band I. Dieses Lehrbuch kommt ohne äthiopische Schriftzeichen aus.

Leslau, Wolf: Concise Amharic Dictionary. Wiesbaden: Otto Harrassowitz, 1976.

Semere Woldegabir: Amharic for Foreigners. Addis Abeba: 1994. Diese Zusammenfassung ist in Äthiopien erhältlich.

Wörterliste Deutsch – Amharisch

In der Wörterliste werden alle Tätigkeitswörter in drei Formen angegeben: Grundform/ 3. Person EZ („er") Vergangenheit/ 3. Person EZ („er") Gegenwart, z.B. verkaufen: mäschät', schät'ä, yïschät'all *(= verkaufen, er verkaufte, er verkauft)*

A

Abend mata
Abendessen ïrat
aber gïn
Abkürzung ak'waratsch'
abwärt tattsch
Adresse adraschscha
Aids edïs
Alkohol alkol
also! ïngïdïh
alte Frau arogit
alter Mann schïmagïlle
Amharisch amariña
Ananas ananas
Anfang mädschämmäriya
anfangen mädschämmär, dschämmärä, yïdschämmïrall
Angelegenheit nägär
Antibiotikum antïbayotïk
Antilope walïya
Apfelsine bïrtukan
Apotheke farmasi
Arbeit sïra
arbeiten mäsrat, särra, yïsarall
Arbeiter särratäña
Arm kïnd
Armreif ambar
Art aynät
Arzt hakim
Aschenbecher mätärkoscha
Aspirin asprin
Äthiopien ityop'iya
Äthiopier habäscha, ityop'iyawi
auf lay
aufpassen mätt'änk'äk', tät'änäkk'äk'ä, yïtt'änäk'äk'all
Auge ayn
ausfließen mäfsäs, fässäsä, yïfässall
Ausländer färändsch
aussteigen mäwräd, wärrädä, yïwärdall
Aussteiger wäradsch
Ausweis mättawäk'iya
außen wïttsch'
Auto mäkina
Autowerkstatt garadsch

B

Banane muz
Bart t'im
Batterie batri dïngay
Bauch hod
bauen mäsrat, särra, yïsärall
Bauer gäbäre
Baum zaf
befehlen mazäz, azzäzä, yazzall
Bein ïgïr
Beispiel mïssale
Benehmen huneta
Benzin benzïn
bereitet werden mazzägadsch, azzägadschä, yazzägadschall
Berg tärara
Beruf muya
Besen mät'rägiya

besser sein mäschschal, täschalä, yïschschalall
besuchen mät'äyyäk', t'äyyäk'ä, yït'äyyïk'all
beten mäs'älläy, s'älläyä, yïs'ällïyall
Bett alga
betteln mälämmän, lämmänä, yïlämmïnal
Bettwäsche ansola
Beutel borsa
Bier (äthiop.) t'älla
billig rïkkasch
bis ... ïskä ... dïräs
bitte! (m/w) ïbakkïh/äbakkïsch
bleiben mäk'rät, k'ärrä, yïk'ärall
Blume abäba
Blut däm
bluten mädmat, dämma, yïdämall
Botschaft embasi
Bräutigam muschïrra
brechen mäsbär, säbbärä, yïsäbrall
Bremse fren
brennen mäkk'at'äl, täk'att'älä, yïkk'at'älall
Brief däbdabbe
Briefmarke tembïr
Brot dabbo
Brücke dïldïy
Bruder wändïmm
Brust t'ut
Büro biro
Bus awtobïs
Busbahnhof mänähariya
Butter k'ïbe

C

Cent santim
Christ krïstiyan
Creme krem

D

Dach t'ara
danach bähwala
danken mamäsgän, amäsäggänä, yamäsägänall
dann also! tadïya
darüber wädïya
dauern mäk'oyyät, k'oyyä, yïk'oyall
denken massäb, assäbä, yassïball
deutsch dschärmän
Deutschland dschärmän agär
Dieb leba
dies/dies (sieh) yïh/yïhe
dies (nimm) yïhäw
Diesel dizäl
Doktor doktär
Dolmetscher astärgwami
Dorf mändär
dort ïzziya
du (m/w) antä/antschi
Dunkelheit tsch'älläma
Durchfall k'ïzzän
Durst t'ïm
Dusche schawär

E

Ehe tïdar
Ehefrau mist
Ehepartner baläbet
Ei ïnk'ulal
Eigentümer bal
ein and
einfach källal
Eingang bärr
einladen mägobñät, gobäñä, yïgobäñall
Einschreiben rekomande
eintreten mägbat, gäbba, yïgäball
Elefant zïhon
eng t'äbbab
Enge schïbbïr
Englisch ïnglïzïña
entfernt ruk'
er, es ïssu
erbrechen mastawäk, astawwäkä, yastawkall
Erbse ïschät
erfordern mäfdschät, fäddschä, yïfädschall
erlauben mäfk'äd, fäkk'ädä, yïfäk'dall
ermüden mädkäm, däkkämä, yïdäkmall
erneuern mättaddäs, taddäsä, yïttaddäsall
Erntezeit mähär
erreichen mädräs, därräsä, yïdärsall
Ersatzteil mäläwawätsch'a
erscheinen mämsäl, mässälä, yïmäslall

erzählen männägaggär, tänägaggärä, yïnnägaggïrall
Esel ahïyya
essen mäblat, bälla,yïbälall
Essen mïgïb
Esstisch mad
Experte lik'

F

Faden kïrr
Fahrer nädschi
Fahrkarte tïket
Fahrt mähedscha
Familie betäsäb
fangen mäyaz, yazä, yïyïzall
Farbe k'äläm
Farm ïrscha
fehlen mät'fat, t'äffa, yïät'fall
Fehler t'ïfat', sïhïtät
Feind t'älat
Fell k'oda
Fenster mäskot
fertig sein därsowall
Fest bä'al
Feuer ïsat
Fieber tïkkusat
Fiedel masink'o
Film film
Fingerring k'äläbät
Fisch asa
Fladenbrot ïndschära
Flasche t'ärmus
Fleisch sïga
Flöte waschïnt
Flughafen erport
Flugzeug erplen
Fluss wänz
folgen mäkkätäl, täkättälä, yïkkätälall
Formular form
Foto foto
fragen mät'äyyäk', t'äyyäk'ä, yït'äyyïk'all
Frau set
Freund gwaddäña
Frosch ïnk'urarit
früh maläda
Frühstück k'urs
führen masked, askedä, yaskedall
Führer märi
füllen mämulat, molla, yïmolall
fünfzig hamsa
für lä

G

Gabel schukka
Gangster schïfta
ganz hullum
Gast ïngïda
Gastfreundschaft ïngïdannät
Gastgeber gabadsch
Gastgeberschaft täk'äbayïnnät
geben mäst'ät, sätt'ä, yïsät'all
Gebirge tärara
geboren werden mäwwäläd, täwällädä, yïwwälädall
Gebüsch dur
Gedanke hassab
geduldig sein mättagäz, taggäsä, yïttagäsall
Gefahr adäga
Gegend akkababi, säfär
gehen mähed, hedä, yïhedall
Geld gänzäb
Gemüse atakïlt
genug bäkk'a
geradeaus k'ätt'ïta
Gesellschaft mahïbär
Gesicht fit
Gitarre krar
Gold wärk'
Gott ïgzer
Graubrot dïfo
groß tïllïk'
Großeltern ayat
Gürtel k'äbätto
gut (fein) mälkam
gut (OK) dähna

H

Hagel bärädo
Hals angät, gurorro
Halskette habïl
halten mäyaz, yazä, yïyïzall
Haltestelle mäk'omiya
Hand ïddsch
handeln mänäggäd, näggädä, yïnägdall
Händler näggade
Handtuch fot'a
Handwerker t'ïbäbäña
Harfe bägäna
Haus bet
Heirat särg

heiraten magbat, agäbba, yagäball
heiß tikkus
helfen märdat, rädda, yirädall
Hemd kanatera
Herz libb
heute zare
hier izzih
Hilfe irdata
Himmel sämay
hin wädä
hinausgehen mäwt'at, wätt'a, yiwät'all
Hitze muk'ät
hören mäsmat, sämma, yisämall
Hose surri
Hospital hospital
Hotel hotel
Huhn doro
Hund wischscha
Hut barnet'a
Hyäne dschib

I

ich ine
ihr PL innantä
immer hulgize
Ingenieur mähandis
Insekt täbay
ist nicht aydälläm

J

ja awo
ja? abet?
Jahr amät
Jahreszeit wäk't
jener yañaw
jetzt ahun
Journalist gazetäña
junger Mann wätt'at

K

Kaffee bunna
Kalb t'idscha
kalt bird
kalt sein mäbräd, bärrädä, yibärdall
Kälte bird
kaputtgehen mäbbälaschät, täbälaschschä, yibbälaschall
Karotte karot
Karte kard
Kartoffel dinnittsch
Katze dimmät
kaufen mägzat, gäzza, yigäzall
Kaugummi mastika
Keks biskut
Kerze schama
Kilo kilo
Kind lidsch
Kiste sat'in
Kleidung libs
klein tinnisch
Kleingeld zirzir
klingeln mädäwwäl, däwwälä, yidäwwilall
Knie gulbät
Knoblauch nättsch' schinkurt
Knochen at'int
kochen mäbsäl, bässälä, yibäslall
Koffer schant'a
komm! m/w na/näi
kommen mämt'at, mätt'a, yimät'all
können mätschal tschalä, yitschilall
Kopf ras
Kopfkissen tiras
Kopfschmerzen ras mitat
Korbtisch mäsob
Körper säwinnät
korrekt tikikkil
krank sein mättamäm, tammämä, yittamämall
Krankheit bäschschita/himäm
Kreuz mäsk'äl
Kreuzung mäsk'äläña
Kuchen kek
Kühler(wasser) yämotär mak'äzk'äja (wiha)
Kugelschreiber bi'ir
Kuh lam
Kunde dämbäña

L

lachen mäsak', sak'ä, yisik'all
Laden suk'
Lampe mäbrat
Land agär/gät'är
langsam k'äss k'äss
Lappen tsch'ärk'
lass! m/w täw/täy

lassen mätäw, täwä, yïtäwall
laufen märot', rot'ä, yïrot'all
leben mänor, norä, yïnorall
Leber gubbät
leer bado
Lehrer astämari
Leopard anär
Leute säwottsch
lieben mäwdäd, wäddädä, yïwäddall
Limonade läslassa
Limone lomi
links gra
Linsenbrei schïrro
Lippen känfär
Löffel mankiya
Löwe ambässa
Luft ayyär
Lüge wïschschät
Lügner wïschschätam
Lunge samba

M

machen madräg, adärrägä, yadärgall
Mädchen lïdschagäräd
Mandarine mandarin
Mango mango
männlich wänd
Markt gäbäya
Marmelade marmälata
Matratze firasch
Maus ayt'
Mechaniker mäkanik
Medikament mädhanit
Mehl duk'ät
Menu mïnu
Messer billa
Met t'äddsch
mieten mäkkärayät, täkärayyä, yïkkärayall
Milch wätät
Minute dek'ïk'a
mit gar
Mittagessen mïsa
Mitte mähal
Monat wär
Mond tsch'äräk'a
morgen nägä
Morgen t'wat
Mücke bimbi
Muli bäk'lo
Mund af
Mutter ïnnat

N

na! tadiya
nach bästä
Nachbar goräbet
Nacht lelit
Nadel märfe
nahe k'ïrb
nähen masfat, säffa, yïsäfall
Name sïm
Nase afïntsch'a
nehmen mäwsäd, wässädä, yïwäsdall
nein ay
Nettigkeit tschärïnnät
neu addis
nicht da sein yälläm
nicht sein alämähon, aydälläm, yïhonall
nichts mïnïm
Nilpferd gumarre
nimm! ïnka
noch gäna
noch einmal ïndägäna
nötig asfällagi
nötig sein masfälläg, asfällägä, yasfällïgall
nur bïttscha

O

Obst firafre
Ochse bäre
oder/oder? wäyïm/wäy?
ohne yalä
Ohr dschoro
OK ïschschi
Öl zäyt, nug
Omelette omälät
Onkel agot
ordentlich bädämb
Ordnung dämb
Ort bota

P

Paket paket
Papaya papaya
Papier wäräk'ät
Parkplatz mäkina mäk'omiya säfra, parking
Pass pasport
Person säw
Pfeffer bärbärre
Pfefferschote k'ariya
Pferd färäs
Pfirsich kok

Pflaster plastär
platzen mäfändat, fänädda, yïfändall
Polizei polis
Post postabet
Preis waga
Preisnachlass k'ïnnasch
Priester k'es
Probleme tschïggïr
putzen mas'dat, as'ädda, yas'ädall

R

Rast ïräft
Ratte ayt'ä mogät'
Rauch tsch'is
Raum kïfil
Rechnung hisab
rechts k'äñ
Regen zïnab
Regenzeit krämt
regnen mäznäb, zännäbä, yïzänball
Reifen(dienst) gomma/(gommista)
Reis ruz
Reise guzo
reisen mäggwaz, tägwazä, yïggwazall
richtig lïkk
Rohr bwambwa
rot k'äyy
Rücken dschärba
rufen mät'rat, tä'rra, yït'ärall
Ruhe räft/s'ätt'ïta

S

Sachen ïk'a
Saft t'schïmmak'i
sagen malät, alä, yïlall
Salat sälat'a
Salbe k'ïbat
Salz tsch'äw
salzig tsch'äwamma
Sandwich sändwitsch
Sänger zäfañ
sauber nïs'uh
Sauberkeit s'ïdat
Schädel tsch'ïnk'ïllat
Schaf bäg
Schatten t'ïla
Scheck tschek
schieben mägfat, gäffa, yïgäfall
schlafen mätäñat, täña, yïtäñall
Schlange ïbab
schlecht mät'fo
schließen mäzgat, zägga, yïzägall
Schlüssel k'ulf
schmackhaft t'afatsch'
Schmetterling birrabirro
Schmuck get'aget'
Schmutz k'oschascha
schneiden mäk'urät', k'orrät'ä, yïk'ort'all
schnell tolo
Schnitt k'urt'at
schön k'ondscho
schreiben mäs'af, s'afä, yïs'ïfall
Schreiber s'ähafi
Schrift s'ïfät
Schuh tsch'amma
Schüler tämari
Schüssel sahïn
schwanger ärguz
schwarz t'ïk'ur
Schwellung ïbt'ät
Schwester ïhït
See hayk'
sehen mayät, ayyä, yayall
sehr bät'am
Seife samuna
seitens bäkkul
senden mälak, lakä, yïlïkall
setzen mask'ämmät', ask'ämmät'ä, yask'ämmït'all
setzen, sich mäkk'ämmät', täk'ämmät'ä, yïkk'ämmät'all
Sie ïrswo
sie w/PL ïsswa/ïnnässu
Silber bïrr
sitzen k'uttsch' malät, k'uttsch' alä, k'uttsch' yïlall
so ïndäzzih
Sonne s'ähay
Soße wät'
Sport ïsport
Spritze märfe
Stadt kätäma
Starker hayläña
Station t'abiya
stechen mäwgat, wägga, yïwägall
stehen mäk'om, k'omä, yïk'omall
Stein dïngay
Steinbock ñala
Stern kokäb

Strauß (Vogel) sägwän
Stuhl wämbär
Stunde sä'at

T

Tabletten kinin
Tag k'än
Tante akïst
Tanzlied zäfän
tanzen mädännäs, dännäsä, yïdännïsall
Taschenlampe batri
Tasse sïni
Tausch läwt'
Tee schay
Telefon silk
Telegramm telegram
Teller sahïn
Teppich mïnt'af
teuer wïdd
Ticket tiket
Tier ïnsïsa
Tisch t'äräpp'eza
Tod mut
Toilettenpapier soft
Tomate timatim
Topf dïst
total fïss'um
Tourist turist
treffen mägganañät, täganañä, yïgganañall
trinken mät'ätt'at, t'ätt'a, yït'ätt'all
Trinkglas bïrtsch'ïkk'o
trocken däräk'
Trockenfleisch k'want'a
Trockenheit dïrk'
Trockenzeit bäga
trocknen mädräk', därräk'ä, yïdärk'all
Trommel käbäro
Tropfen t'äbbïta
tüchtig gobez
tun madräg, adärrägä, yadärgall

U

Uhr sä'at
umkehren mämmäläs, tämälläsä, yïmmäläsall
Umschlag anvolop
unbedingt gïdd
und ïnna
ungefähr yahïl
unterhalten, sich mättsch'awät, tätsch'awwätä, yïttsch'awätall
unterschreiben mäfäräm, färrämä, yïfärrïmall
Unterschrift firma
Urin schïnt
urinieren mäschäñät, schäñä, yïschäñall

V

Vater abbat
Verband fascha
verboten kïlkïl
verboten sein makkälkäl, täkäläkkälä, yïkkäläkkälall
Vereinigung mahïbär
verirren mässasat, täsasasä, yïssasïsall
verkaufen mäschät', schätt'ä, yïschät'all
Verkehr trafik
Verpflichtung gïddeta
verzeihen yïk'ïrta madräg, adärrägä, yadärgall
Verzeihung yïk'ïrta
Vieh käbt
viel bïzu
Vogel wäf
voll mulu
Vorsitzender lïk'ä mämbär

W

Wächter zäbäña
Wahrheit ïwïnät
wann mätsche
war (Vergang.) näbbärä
warm sein mämok', mok'ä, yïmok'all
warten mät'äbbäk', t'äbbäk'ä, yït'äbbïk'all
was? mïn?/mïndïn?
waschen mat'äb, att'äbä, yat'ball
waschen, sich mättat'äb, tatt'äbä, yïttatt'äball
Waschraum mättat'äbiya
Wasser wïha
wechseln mäläwwät', läwwät'ä, yïläwt'all
Weg mängäd

wegen sïlä
wegwerfen mät'al, t'alä, yït'ïlall
Wein vino
Wein (äthiop.) wäyn t'äddsch
weiß nättsch'
weiß nicht ïndscha
Weizen sïnde
Welt aläm
wer? man?
werden mähon, honä, yïhonall
wichtig käff yalä
wichtigster wannaw
wie indä
wie? ïndet?/ïndämïn?
wieder ïndägäna
wiederholen mädgäm, däggämä, yïdägmall
Wiese meda
wie viel? sïnt?
Wille fïllagot
Wind näfas
wir ïña
wissen mawäk', awwäk'ä, yawk'all
Witzbold k'äldäña
wo? yet?
Woche sammïnt
wohnen mänor, norä, yïnorall
Wolke dammäna
wollen mäfälläg, fällägä, yïfällïgall
Wort k'al
Wunde k'usäl
Wunder dïnk'
Wunsch mïñot
Wüste bäräha

Z

Zahl k'ut'ïr
zahlen mäkfäl, käffälä, yïkäflall
Zahn t'ïrs
Zahnarzt yät'ïrs hakim
Zahnstocher mäfak'iya
zeigen masayyät, asayyä, yasayyall
Zeit gize
Zeitung gazet'a
zerbrechen mässäbär, täsäbbärä, yïssäbbärall
Ziege fiyyäl
ziehen mägotät, gottätä, yïgotïtall
Zigaretten sidschara
Zucker sïkkwar
Zug babur
Zündhölzer kïbrit
zusammen abrän
Zweig k'ïrïntsch'af
Zwiebel k'äyy schïnkurt

Wörterliste Amharisch – Deutsch

A

abäba Blume
äbakkïsch bitte! w
abbat Vater
abet? ja?
abrän (wir) zusammen
adäga Gefahr
addis neu
adraschscha Adresse
af Mund
afïntsch'a Nase
agär Land
agot Onkel
ahïyya Esel
ahun jetzt
ak'waratsch' Abkürzung
akïst Tante
akkababi, säfär Gegend
aläm Welt
alämähon, aydälläm, yïhonall nicht sein
alga Bett
alkol Alkohol
amarïña Amharisch
amät Jahr
ambar Armreif
ambässa Löwe
ananas Ananas
anär Leopard
and ein
angät, gurorro Hals
ansola Bettwäsche
antä du m
antïbayotïk Antibiotikum
antschi du w
anvolop Umschlag
ärguz schwanger
arogit alte Frau
asa Fisch
asfällagi nötig
asprin Aspirin
astämari Lehrer
astärgwami Dolmetscher
at'ïnt Knochen
atakïlt Gemüse
awo ja
awtobïs Bus
ay nein!
ayat Großeltern
aydälläm ist nicht
ayn Auge
aynät Art
ayt' Maus
ayt'ä mogät' Ratte
ayyär Luft

B

bä'al Fest
babur Zug
bädämb ordentlich
bado leer
bäg Schaf
bäga Trockenzeit
bägäna Harfe
bähwala danach
bäk'lo Muli
bäkk'a genug
bäkkul seitens
bal Eigentümer
baläbet Ehepartner
bank Bank
bärädo Hagel
bäräha Wüste
bärbärre Pfeffer
bäre Ochse
barnet'a Hut
bärr Eingang
bäschschïta Krankheit
bästä nach
bät'am sehr
batri dïngay Batterie
batri Taschenlampe
benzïn Benzin
bet Haus
betäsäb Familie
bï'ïr Kugelschreiber
billa Messer
bimbi Mücke
bïrd kalt, Kälte
biro Büro
bïrr Silber
birrabirro Schmetterling
bïrtsch'ïkk'o Trinkglas
bïrtukan Apfelsine
bïskut Keks
bïttscha nur
bïzu viel
borsa Beutel
bota Ort, Platz
bunna Kaffee
bwambwa Rohr

D

dabbo Brot
däbdabbe Brief
dähna gut, OK
däm Blut
dämb Ordnung
dämbäña Kunde
dammäna Wolke
däräk' trocken
därsowall fertig sein
dek'ïk'a Minute
dïfo Graubrot
dïldïy Brücke
dïmmät Katze
dïngay Stein

dïnk' Wunder
dïnnïttsch Kartoffel
dïrk' Trockenheit
dïst Topf
dizäl Diesel
doktär Doktor
doro Huhn
dschärba Rücken
dschärmän deutsch
dschärmän agär Deutschland
dschïb Hyäne
dschoro Ohr
duk'ät Mehl
dur Gebüsch

E

edïs Aids
eit mat'äbiya Waschgelegenheit
embasi Botschaft
erplen Flugzeug
erport Flughafen

F

färändsch Ausländer
färäs Pferd
farmasi Apotheke
fascha Verband
fïllagot Wille, Absicht
film Film
firafre Obst
firasch Matratze
firma Unterschrift
fiss'um total
fit Gesicht
fiyyäl Ziege
form Formular
fot'a Handtuch
foto Foto
fren Bremse

G

gabadsch Gastgeber
gäbäre Bauer
gäbäya Markt
gäna noch
gänzäb Geld
gar mit
garadsch Autowerkstatt
gaschsche Mein Herr!
gät'är Land
gazet'a Zeitung
gazetäña Journalist
get'aget' Schmuck
gïdd unbedingt
gïddeta Verpflichtung
gïn aber
gize Zeit
gobez tüchtig
gomma Reifen
gommista Reifendienst
goräbet Nachbar
gra links
gubbät Leber
gulbät Knie
gumarre Nilpferd
guntsch' Wange
guzo Reise
gwaddäña Freund

H

habäscha Äthiopier
habïl Halskette
hakim Arzt
halo hallo
hamsa fünfzig
hassab Gedanke
hayk' See
hayläña Starker
hïmäm Krankheit
hisab Rechnung
hod Bauch
hospital Hospital
hotel Hotel
hulgize immer
hullum ganz
huneta Benehmen

I

indä/inde! wie/wie!
ityop'iya Äthiopien
ityop'iyawi Äthiopier

Ï

ïbab Schlange
ïbakkïh bitte! m
ïbt'ät Schwellung
ïddsch Hand
ïgïr Bein
ïgzer Gott
ïhïl Getreide
ïhït Schwester
ïk'a Sachen
ïndägäna noch einmal, wieder
ïndämïn? wie?
ïndäzzih so
ïndet? wie?
ïndscha weiß nicht
ïndschära Fladenbrot

Wörterliste Amharisch – Deutsch

ïne ich
ïngïda Gast
ïngïdannät Gastfreundschaft
ïngïdïh also!
ïnglïzïña Englisch
ïnk'ulal Ei
ïnk'urarit Frosch
ïnka nimm!
ïnna und
ïnnantä ihr PL
ïnnässu sie PL
ïnnat Mutter
ïnsïsa Tier
ïña wir
ïräft Rast
ïrat Abendessen
ïrdata Hilfe
ïrscha Farm
ïrswo Sie
ïsat Feuer
ïschät Erbse
ïschschi OK
ïskä ... dïräs bis ...
ïsport Sport
ïssu er, es
ïsswa sie w
ïwïnät Wahrheit
ïzzih hier
ïzziya dort

K

käbäro Trommel
käbt Vieh
käff yalä wichtig
källal einfach
kanatera Hemd
känfär Lippen
kard Karte
karot Karotte
kätäma Stadt
kek Kuchen
kïbrit Zündhölzer
kïfïl Raum
kïlkïl verboten
kilo Kilo
kïnd Arm
kinin Tabletten
kïrr Faden
kok Pfirsich
kokäb Stern
krämt Regenzeit
krar Gitarre
krem Creme
krïstiyan Christ

K'

k'äbätto Gürtel
k'al Wort
k'äläbät Fingerring
k'äläm Farbe
k'äldäña Witzbold
k'än Tag
k'äñ rechts
k'ariya Pfefferschote
k'äss k'äss langsam
k'ätsch'ïne Giraffe
k'ätt'ïta geradeaus
k'äyy rot
k'äyy schïnkurt Zwiebel
k'es Priester
k'ïbat Salbe
k'ïbe Butter
k'ïmäm Gewürz
k'ïnnasch Preisnachlass
k'ïrb nahe
k'ïrïntsch'af Zweig
k'ïzzän Durchfall
k'oda Fell, Tierhaut
k'ondscho schön
k'oschascha Schmutz
k'ulf Schlüssel
k'urs Frühstück
k'urt'at Schnitt
k'usäl Wunde
k'ut'ïr Zahl
k'uttsch' malät, k'uttsch' alä, k'uttsch' yïlall sitzen
k'want'a Trockenfleisch

L

lä für
lam Kuh
läslassa Limonade
läwt' Tausch
lay auf
leba Dieb
lelit Nacht
lïbb Herz
lïbs Kleidung
lïdsch Kind
lïdschagäräd Mädchen
lik' Experte
lïk'ä mämbär Vorsitzender
lïkk richtig
lomi Limone

M

mäbbälaschät, täbälaschschä, yïbbälaschall kaputtgehen

mäbräd, bärrädä, yïbärdall kalt sein
mäblat, bälla, yïbälall essen
mäbrat Lampe
mäbsäl, bässälä, yïbäslall kochen
mad Esstisch
mädännäs, dännäsä, yïdännïsall tanzen
mädäwwäl, däwwälä, yïdäwwïlall klingeln
mädgäm, däggämä, yïdägmall wiederholen
mädhanit Medikament
mädkäm, däkkämä, yïdäkmall ermüden
mädmat, dämma, yïdämall bluten
madräg, adärrägä, yadärgall machen
madräg, adärrägä, yadärgall tun
mädräk', därräk'ä, yïdärk'all trocknen
mädräs, därräsä, yïdärsall erreichen
mädschämmär, dschämmärä, yïdschämmïrall anfangen
mädschämmäriya Anfang
mäfak'iya Zahnstocher
mäfälläg, fällägä, yïfällïgall wollen
mäfändat, fänädda, yïfändall platzen
mäfäräm, färrämä, yïfärrïmall unterschreiben
mäfdschät, fäddschä, yïfädschall erfordern
mäfk'äd, fäkk'ädä, yïfäk'dall erlauben
mäfsäs, fässäsä, yïfässall ausfließen
magbat, agäbba, yagäball heiraten
mägbat, gäbba, yïgäball eintreten
mägfat, gäffa, yïgäfall schieben
mägganañät, tägänañä, yïggänañall treffen
mäggwaz, tägwazä, yïggwazall reisen
mägobñät, gobäñä, yïgobäñall einladen
mägotät, gottätä, yïgotïtall ziehen
mägzat, gäzza, yïgäzall kaufen
mähal Mitte
mähandis Ingenieur
mähär Erntezeit
mähed, hedä, yïhedall gehen
mähedscha Fahrt
mahïbär Gesellschaft
mahïbär Vereinigung
mähon, honä, yïhonall werden
mäk'om, k'omä, yïk'omall stehen
mäk'omiya Haltestelle
mäk'oyyät, k'oyyä, yïk'oyall dauern, warten
mäk'rät, k'ärrä, yïk'ärall bleiben
mäk'urät', k'orrät'ä, yïk'ort'all schneiden
mäkanik Mechaniker
mäkfäl, käffälä, yïkäflall zahlen
mäkina Auto
mäkina mäk'omiya säfra, parking Parkplatz
mäkk'ämmät', täk'ämmät'ä, yïkk'ämmät'all sich setzen
mäkk'at'äl, täk'att'älä, yïkk'at'älall brennen
makkälkäl, täkäläkkälä, yïkkäläkkälall verboten sein
mäkkärayät, täkärayyä, yïkkärayall mieten
mäkkätäl, täkättälä, yïkkätälall folgen
maläda früh

mälak, lakä, yiĭkall senden
mälämmän, lämmänä, yilämminal betteln
malät, alä, yilall sagen
mäläwawätsch'a Ersatzteil
mäläwwät', läwwät'ä, yiläwt'all wechseln
mälkam gut, fein
mamäsgän, amäsäggänä, yamäsäganall danken
mämmäläs, tämälläsä, yimmäläsall umkehren
mämok', mok'ä, yimok'all warm sein
mämsäl, mässälä, yimäslall erscheinen
mämt'at, mätt'a, yimät'all kommen
mämulat, molla, yimolall füllen
man? wer?
mänäggäd, näggädä, yinägdall handeln
mänähariya Busbahnhof
mändär Dorf
mandarin Mandarine
mängäd Weg
mankiya Löffel
männägaggär, tänägaggärä, yinnägaggirall erzählen
mänor, norä, yinorall wohnen, leben
märdat, rädda, yirädall helfen
märfe Spritze
märfe Nadel
märi Führer
marmälata Marmelade
märot', rot'ä, yirot'all laufen
marsch Getriebe
märz Gift
mas'dat, as'ädda, yas'ädall putzen
mäs'af, s'afä, yis'ifall schreiben
mäs'älläy, s'älläyä, yis'älliyall beten
mäsak', sak'ä, yisik'all lachen
masayyät, asayyä, yasayyall zeigen
mäsbär, säbbärä, yisäbrall brechen
mäschänät, schänä yischänall urinieren
mäschät', schätt'ä, yischät'all verkaufen
mäschschal, täschalä, yischschalall besser sein
masfälläg, asfällägä, yasfälligall nötig sein
masfat, säffa, yisäfall nähen
masink'o Fiedel
mäsk'äl Kreuz
mäsk'äläña Kreuzung
mask'ämmät', ask'ämmät'ä, yask'ämmit'all setzen
masked, askedä, yaskedall führen
mäskot Fenster
mäsmat, sämma, yisämall hören, fühlen
mäsob Korbtisch
mäsrat, särra, yisarall arbeiten, bauen
massäb, assäbä, yassiball denken
mässäbär, täsäbbärä, yissäbbärall zerbrechen
mässasat, täsasasä, yissasatall sich irren
mäst'ät, sätt'ä, yisät'all geben
mastawäk, astawwäkä, yastawkall erbrechen
mastika Kaugummi
mat'äb, att'äbä, yat'ball waschen
mät'äbbäk', t'äbbäk'ä, yit'äbbik'all warten, aufpassen
mät'al, t'alä, yit'ilall wegwerfen
mät'ätt'at, t'ätt'a, yit'ätt'all trinken
mät'ätt' Getränk
mät'äyyäk', t'äyyäk'ä, yit'äyyik'all fragen
mät'fat, t'äffa, yiät'fall fehlen

mät'fo schlecht
mät'rägiya Besen
mät'rat, tä'rra, yït'ärall rufen
mata Abend
mätäñat, täña, yïtäñall schlafen
mätärkoscha Aschenbecher
mätäw, täwä, yïtäwall lassen
mätschal, tschalä, yïtschïlall können
mätsche wann
mätt'änk'äk', tät'änäkk'äk'ä, yïtt'änäk'äk'all aufpassen
mättaddäs, taddäsä, yïttaddäsall erneuern
mättagäs, taggäsä, yïttagäsall geduldig sein
mättamäm, tammämä, yïttamämall krank sein
mättat'äb, tatt'äbä, yïttatt'äball sich waschen
mättat'äbiya Waschraum
mättawäk'iya Ausweis
mättsch'awät, tätsch'awwätä, yïttsch'awätall sich unterhalten
mawäk', awwäk'ä, yawk'all wissen
mäwdäd, wäddädä, yïwäddall lieben
mäwgat, wägga, yïwägall stechen
mäwräd, wärrädä, yïwärdall aussteigen
mäwsäd, wässädä, yïwäsdall nehmen
mäwt'at, wätt'a, yïwät'all hinausgehen
mäwwäläd, täwällädä, yïwwällädall geboren werden
mayät, ayyä, yayall sehen
mäyaz, yazä, yïyïzall halten, fangen
mazäz, azzäzä, yazzall befehlen
mäzgat, zägga, yïzägall schließen
mäznäb, zännäbä, yïzänball regnen
mazzägadsch, azzägadschä, yazzägadschall bereitet werden
meda Wiese
migïb Essen
mïn? /mïndïn? was?
mïnïm nichts
mïnt'af Teppich
mïnu Menu
mïñot Wunsch
mïsa Mittagessen
mïssale Beispiel
mist Ehefrau
mit'mit'a Gewürz (scharf)
muk'ät Hitze
mulu voll
muschïrra Bräutigam
mut Tod
muya Beruf
muz Banane

N/Ñ

na/näi komm! m/w
näbbärä war
nädschi Fahrer
näfas Wind
nägä morgen
nägär Angelegenheit
näggade Händler
nättsch' schïnkurt Knoblauch
nättsch' weiß
nïs'uh sauber
ñala Steinbock

O/P

omälät Omelette
paket Paket
papaya Papaya
pasport Pass
plastär Pflaster
polis Polizei
postabet Post

R

räft Ruhe
ras Kopf
ras mïtat Kopfschmerzen
rekomande Einschreiben
rïkkasch billig
ruk' entfernt
ruz Reis

S

sä'at Stunde, Uhr
sägwän Strauß (Vogel)
sahïn Teller
sahïn Schüssel
sälat'a Salat
sämay Himmel
samba Lunge
sammïnt Woche
samuna Seife
sändwitsch Sandwich
santim Cent
särg Heirat
särratäña Arbeiter
sat'ïn Kiste
säw Person
säwïnnät Körper
säwottsch Leute
schama Kerze
schant'a Koffer
schawär Dusche
schay Tee
schïbbïr Enge
schïfta Gangster
schïmagïlle alter Mann
schïnt Urin
schïrro Linsenbrei
schukka Gabel
set Frau
sidschara Zigaretten
siga Fleisch
sïkkwar Zucker
sïlä wegen
silk Telefon
sïm Name
sïnde Weizen
sïni Tasse
sïnt? wie viel?
sïra Arbeit
soft Toilettenpapier
suk' Laden
surri Hose

S'

s'ähafi Schreiber
s'ähay Sonne
s'ätt'ïta Ruhe
s'ïdat Sauberkeit
s'ïfät Schrift

T

täbay Insekt
tadiya na!
tadïya dann also!
täk'äbayïnnät Gastgeberschaft
tämari Schüler
tärara Gebirge, Berg
tattsch abwärts
täw lass! m
täy lass! w
telegram Telegramm
tembïr Briefmarke
tïdar Ehe
tiket Ticket, Fahrkarte
tïkïkkïl korrekt
tikkus heiß, warm
tïkkusat Fieber
tïllïk' groß
timatim Tomate
tïnant gestern
tïnnïsch klein
tïras Kopfkissen
tolo schnell
trafik Verkehr
tsch'älläma Dunkelheit
tsch'amma Schuh
tsch'äräk'a Mond
tsch'ärk' Lappen
tsch'äw Salz
tsch'äwamma salzig
tsch'ïnk'ïllat Schädel
tsch'is Rauch
tschärïnnät Nettigkeit
tschek Scheck
tschïggïr Probleme
turist Tourist

T'

t'äbbab eng
t'äbbïta Tropfen
t'abiya Station
t'äddsch Met
t'afatsch' schmackhaft
t'älat Feind
t'älla Bier äthiopisches
t'ara Dach
t'äräpp'eza Tisch
t'ärmus Flasche
t'ena Gesundheit
t'ïbäbäña Handwerker
t'ïdscha Kalb
t'ïfat', sïhïtät Fehler
t'ïk'ur schwarz
t'ïla Schatten
t'im Bart
t'ïm Durst
t'ïrs Zahn
t'ïru gut, klar
t'schïmmak'i Saft
t'ut Brust
t'wat Morgen

V/W

vino Wein
wädä hin
wädïya darüber
wäf Vogel
waga Preis
wäk't Jahreszeit
walïya Antilope
wämbär Stuhl
wänd männlich
wändïmm Bruder
wannaw wichtigster
wänz Fluss
wär Monat
wäräk'ät Papier
wärk' Gold
waschïnt Flöte
wät' Soße
wätät Milch
wätt'at junger Mann
wäy? oder?
wäyïm oder
wäyn t'äddsch äthiopischer Wein
wïdd teuer
wïha Wasser
wïschscha Hund
wïschschät Lüge
wïschschätam Lügner
wïttsch' außen

Y

yahïl ungefähr
yalä ohne
yälläm nicht da sein
yämotär mak'äzk'äja (wïha) Kühlerwasser
yañaw jener
yät'ïrs hakim Zahnarzt
yet? wo?
yïh dies
yïhäw dies (nimm)
yïhe dies (sieh)
yïk'ïrta Verzeihung
yïk'ïrta madräg, adärrägä, yadärgall verzeihen

Z

zäbäña Wächter
zaf Baum
zäfän Tanzlied
zäfañ Sänger
zare heute
zäyt, nug Öl
zïhon Elefant
zïnab Regen
zïrzïr Kleingeld

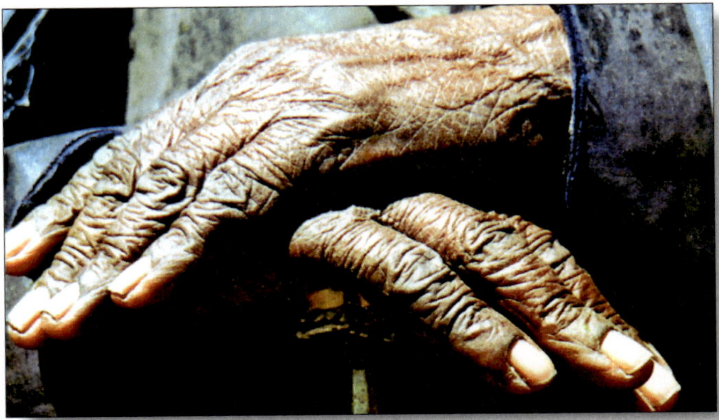

Der Autor

Micha Wedekind ist 1963 in Freiburg geboren, verbrachte die ersten Jahre im Schwarzwald und in Hannover, wuchs aber seit 1969 in mehreren afrikanischen Ländern auf. Die ersten Freundschaften mit Äthiopiern schloss er als Schüler der Deutschen Schule in Addis Abeba, wo er von 1973 - 1983 wohnte. Seine Ausbildung als Ethnologe, mit Studienaufenthalten in Zentraläthiopien und Dar-Es-Selaam, schloss er in Mainz ab. Zwischen 1995 - 2000 war Micha für das Internationale Komitee des Roten Kreuzes in Äthiopien tätig - diesmal begleitet von seiner Frau Carola und seinen zwei Söhnen.